目の前に並んでいるのは、はたしてインテリアなのか、それとも手に取っていいのか。逡巡の末、意を決して、声をかけてみた。

これ、マスターの本ですか。

いや、オレのじゃないよ。お客さんの。ときどき来て、何冊か入れ換えていくの。なんかね、その日に何が読みたくなるかわからないから、いろいろ置いておくと安心なんだってさ。

なるほど、じゃあ、読んじゃダメですね。

いや、読んでもいいよ。そこにあればみんな手にとるよ、って言ってある。それでもいいんだってさ。汚しても大丈夫だって。

マスターはかすかに、にやっと笑った。

その「お客さん」は、所有欲の少ない人なのか。いや、いくら行きつけとはいえ、飲み屋に自分の本棚をつくってしまうなんて、むしろ所有欲が強い人と言えるかもしれない。

バーの暗がりで本の背表紙をよく読もうと、顔を近づけた。それを見たマスターが、緑色のテーブルライトを、ぐっとこちらに寄せてくれた。

大小並んだ十数冊の内容には、あまり一貫性がないようだ。

1冊手に取った。飲んでいるときは、頭から読み始める気になどなれない。なかほどを適当に、ぱっと開いた。いきなり目に飛び込んできた1行は、燦爛《さんらん》と輝いていた。

数知れぬ黄金の鳥たち、おお、未来の「生命力」よ？

光で目を射られたような気がした。オレンジに近い、深い金色に輝く鳥の群れがいっせいに、暗闇に向かって飛び立ったのだ。ページをひとつ前にめくって、その前の行に戻る。

俺は星辰の群島を見た！　そして
錯乱する空を航海する者に開く島々を。
――これらの底なしの夜のうちに、おまえは眠り、隠棲するのか、
数知れぬ黄金の鳥たち、おお、未来の「生命力」よ？

深い闇があって、もはやどこという目的地も見つけられない。旅する者は、ただtermさまよっているだけだ。でも、よく見ればきらめく島が散在していて、ひらかれている。星は宇宙の島だ。

空でも海でもない暗闇を、かつて見たことがあった。
月のない夜の真っ暗闇の海は、ちょうどこんな風景なのだ。空と海の境目は見えない。ただ漆黒で、空には星がきらめいている。星の光は、闇にいる自分

にまでは届かない。闇に飲み込まれるようでひたすら怖ろしく、無意識につかまれるところを探した。
そのときは友だちといっしょにいたので、思わず腕をつかんだ。怖いな、と言ったら、からかうように笑われた。この真っ暗闇が怖くない人間もいるのだ。驚いたし、さびしいような、頼もしいような気がした。
もしかすると、あの闇が怖くない人間たちには、その底に「黄金の鳥たち」が眠っていることが、わかっているのかもしれない。

今の自分はまさに、夜の海にいるようだ。空も海もない。飲み込まれたように、行き先が解らない。どこにも正しい道はないし、あったとしても見えない。

おお、わが龍骨よ、砕け散れ！　おお、俺は海に向かわねばならぬ！

どこかにたどり着こうとして、進むわけではない。闇のなかでは、ただやむにやまれず進むのだ。

もしその黄金の鳥が眠ったままなら、闇に溶けたまま、ここにいるままでいいはずだ。もとい、龍骨を砕かんばかりに波を割って進んだとしても、そのあとも永遠に、自分は闇に溶けたままかもしれない。

進むのは、何かほしいものがあってそうするのではない。その先に何もなくてもかまわない。そう思えなければ、もう一歩も動きたくない。

ひと口飲んだ琥珀の酒が腹の底で燃える。

本を開いてカウンターに置き、ほかの本をとってその上を押さえ、手を離しても開いたままになるようにした。そしてスマホを出し、数行をメモした。

それを見たマスターが、ちょっと笑った。

なんかいいこと書いてあったの？

いや、昔、怖かったときのことを思い出して。夜の海って、怖くないですか。灯りとか何にもないと。

マスターは少し黙ってから、意味ありげに、怖いね、と言った。

そのとき、お客がひとり、店に入ってきた。

2席ほどあけてカウンターに座ったその人は、マスターに挨拶して飲み物を頼んだ。重石にした本を戻すと、その人はこっちを見た。

あ、そこの本、読んでるんだ。

はい。

それ、マスターの元カノのだよ。

こちらに背を向けたマスターが、小さく舌打ちする音が聞こえた。

（引用部「酔いどれ船」『ランボー全詩集』A・ランボー　鈴木創士訳　河出文庫）

3年の星占い 2021-2023

gemini

双子座

石井ゆかり

すみれ書房

扉を開けて、新しい国へ

はじめに

こんにちは、石井ゆかりです。

本書は、いわゆる「西洋占星術」の手法で、2021年から2023年の流れを読み解く本です。

星占いは今日とてもポピュラーで、その手法もだんだんと世に広まってきています。私が星占いを学び始めた20数年前とは、隔世の感があります。

星占いは厳密には「誕生日で区切った、12種類の性格占い」ではありません。

たとえば「私は双子座です」と言うとき、これは正確には「私が生まれた瞬間、空の双子座のエリアに、太陽が位置していました」ということになります。

一般に言う「12星座占い」は、正確には「太陽星座占い（生まれたときの太陽の位置を基準にした占い）」です。

いわば、生まれたときからあなたのなかに輝き続けている太陽と、今、天に光っている星々が、たがいに呼び合う声を聴く、そんな占いが「星占い」なのです。

本書は「3年」という時間の流れを射程に入れています。

「3年」には、「石の上にも三年」「桃栗三年柿八年」のように、「ある程度時間がかかることが完成する期間」というイメージがあります。

実際、日本では中学校や高校は3年で卒業です。

であれば、この「3年」の入り口で何かしら目標を掲げたら、3年後にはそれが叶っている可能性が高い、と言えるかもしれません。

星の動きから見ても、2021年から2023年は星座を問わず、特に「時間のかかる目標」を掲げるのにふさわしいタイミングです。

というのも、2020年12月に起こった「グレート・コンジャンクション（木星と土星の会合）」は、約200年を刻む「時代」の節目となっていました。

産業革命に始まった資本の時代、お金とモノの所有が人々の目標となった「地の時代」が終わり、新たに「風の時代」、すなわち、知や関係性、情報、コミュニケーション、テクノロジー、ネットワークなどが力を持つ時代が始まったのです。

2020年はみなさんも体験された通り、「いつも通りの生活」が世界規模で吹き飛ばされる時間となりました。

多くの人が命を落とす悲劇が起こりました。さらに、生き延びた人々の多くが、大切なものを失い、生き方そのものを変更せざるを得なくなりました。

過去200年のなかで私たちが培った価値観のいくばくかは、思いがけないかたちで消え去ったのです。

占星術を知る人々のあいだでは「2020年は大変な年になりそうだ」という予測は多くなされていて、私自身、そうしたコメントを雑誌などに出してはいたのですが、これほどのことが起こるとは想像していませんでした。むしろ、もっと人為的な、大きな国際紛争などが起こるのではないかと考えていたのです。最後の「地の星座の時間」は、文字通り大自然に震撼させられる年となりました。

そして、「風の星座の200年」の幕開け、2021年が到来します。

「風の時代」の始まりの2021年、多くの人が新たな価値観を選び、生き方を選び、新しい夢を描くことになるでしょう。

多くの悲しみと苦悩の向こうで、人々は、希望をつかもうとするはずです。

これまでできなかったことも、できるようになるかもしれません。

かつてとはまったく違う「新しい自分」に出会えるかもしれません。

本書を手に取ったあなたの心も、すでに新しい時間の息吹を、少しずつでも感じ取っているはずです。


何かを新しく始めるときや、未知の世界に歩を進めるときは、だれでも不安や恐怖を感じるものだと思います。

この3年のなかで、あなたもそんな「始まりへの怯え」を感じる場面があるかもしれません。

そんなとき、本書から「大丈夫だよ！」という声を聞き取っていただけたなら、これほどうれしいことはありません！

3年の星占い―双子座―2021年―2023年◎目次

ブックデザイン
石松あや
（しまりすデザインセンター）

イラスト
本田亮

DTP
つむらともこ

校正
鷗来堂

第1章

3年間の風景

3年間の風景

《2021年から2023年の双子座を、ひとつの「風景」として描いてみます。そのあとで、「風景」に見えたもの（文中ハイライト）をひとつずつ、日常的・具体的な言葉で読みといていきます》

新しい国の入り口に立ち、あなたがいちばん不安に思っているのはもしかすると、「これまで学んできた**この国の言葉**が、ちゃんと通じるだろうか？」ということかもしれません。

この国に入るためにさまざまな準備をし、勉強を重ねてきたものの、それが本当にこの国で「通用するか」は、入ってみなければわかりません。

意を決し、あなたはまだ見ぬ新しい国へと入って行きます。

道をしばらく行くと広場があり、そこに掲げられた看板が目にとまりました。書かれていることがちゃんと読み取れるか、理解できるかと、ドキドキしながらその看板の前にあなたは立ちます。

そこには、1枚の、**古い地図**が描かれていました。

「この地図について、何か知っている者は、研究所へ出頭するように」

あなたはその地図に見覚えがありました。

幼いころか、あるいはもう少し大きくなってからか、かってその地図を見た記憶があったのです。いくつかの記号の意味も知っていました。が、くわしいことはよく思い出せませんでした。

妙に心惹かれましたし、現に、わずかにでも知っていることがあるのです。あなたは「研究所」に出向くことにしました。

「研究所」には、この謎の地図について研究している研究者がいました。

面会を求め、看板を見たことを話し、自分が知っているわずかなことを伝えると、研究者はがぜん、興味を示しました。

どうやらこの地図は、あなたがあとにしてきた故郷の国と、この国との、長い歴史のあいだに生まれたもののようです。

話しているうち、古い資料の読解や、文化的背景などについて、あなたはこの研究者に多くの情報提供ができる、ということがわかってきました。

あなたの言葉はまだこなれていなくて、伝わりにくいところもありました。それでも「地図の謎を解く」というテーマを共有しているので、意思疎通には困りません。この研究者の要請に応じ、あなたはこの地図についての「共同研究者」となったのでした。

研究に取り組んでいくうち、あなたはいつしか多くの知を蓄え、「先生」と呼ばれる立場になりました。

研究以外の活動にも携わるようになり、ほかの仕事で**大きな成果を上げる**こともできました。

この成果を軸として、さらに活動は広がり、周囲の人々への責任も、重みを増すことになりました。

地図の謎はまだ完全には解けないものの、この国であなたは**新しい役割と、立場**を得たのです。

あなたの学ぶ姿勢や視野の広さ、親切さなどは仲間の研究者たちに信頼され、学生たちからも尊敬され、慕われるようになりました。**「仲間」**ができたのです。

「古い地図の謎」をきっかけとして、あなたはこの国に、居場所を得たのでした。

でも、この先「謎」は、どうなるのでしょうか。

「謎」は、謎のままなのでしょうか。

「風景」の解説

2021年から2023年、双子座の人のいる場所は「内側/外側」で言えば、まちがいなく「外側」です。

外界、広い社会、外の世界。

たとえば「自宅」からもっとも遠い場所、2020年の段階では、まだほとんど見たこともない場所です。

「知らない場所」にひとりで入ったら、そこでは当然、ひとりぼっちです。知り合いもなく、居場所もありません。

2021年ごろそんな状況からスタートして、2023年までのなかで一気に「社会的な居場所」を築いていくことになります。それはまるで、開拓者が新しい大陸に足を踏み入れ、居心地のよい村をつくるまでのプロセスのようです。

2021年の段階では、あなたはどこか「異邦人」のようであり、周囲には未知の人々がたくさんいるでしょう。2023年ごろ、その人たちの幾人かは、その先もずっとつきあっていける、親しい仲間になっているはずです。

2021年にはごく新鮮だった場所が、2023年には慕わしい場所に変わっています。そこにずっと暮らすことになるかどうかは、まだはっきりしませんが、とにかくそこは「知らない場所」から「勝手知ったる場所」となっているはずなのです。

多くを学び、たしかな立場を得て、仲間に恵まれるまでがこの3年間です。

あなたは生まれつき、かぎりない自由を欲していて、自分を縛るものを嫌います。

でも、「何もない状態」こそが「自由」なのかというと、そうでもありません。

たとえば、各国を自由に巡り歩くには、たしかな信用のあるパスポートが必要になります。

心置きなく遊びに行けるのは、帰るべき場所があるからです。

2023年までのなかで、あなたが手に入れるのは、「社会的な信用」「社会的に根を下ろせる場所」です。いちいち「社会的に」とくっつくのは、プライベートでの生活空間を得ることとは、たぶん少し違うことが起こるだろうと思うからです。

もちろん、この間に新しい家族を得る人もいるかもしれませんが、それはあなたの社会的立場の変化と、無関係ではないはずです。

２０１２年ごろから、あなたは活動すること、社会的な成果を求めること、仕事や学びの場で結果を出して自信を持つことによって、内なる痛みや渇きを癒してきたようなところがあるのではないかと思います。

あるいは、かたちのない名誉や誇りをもっとも大切なものとして目標に掲げ、より理想的な生き方を探し求めてきたかもしれません。

そうした精神的な模索、自覚しようのない心の探究の旅が、この3年のなかで急激な加速を見せつつ、出口に近づきます。

では以下に、「風景」の要素を一つひとつ、説明してみましょう。

・新しい国の入り口

まず「新しい国の入り口」に立つところから始まります。この「入り口」には、２０２０年３月から7月ごろにたどり着いた人もいれば、２０２０年12月に到達した人もいるでしょう。

その「到着」は、少なからずドラマティックなものだったかもしれません。もとより、世界中が大きな変化にさらされた、まさに「時代の節目」と言っていいタイミングでしたから、多くの個人の人生もまた、大転換を余儀なくされたのは当然です。

双子座の人々は特に、「真新しい、新大陸のような場所にやってきた」という思いを抱いたのではないかと思います。それは新しい時代の入り口であると同時に、あなたの人生においても、大きな「門《ゲート》」だったはずです。

「新しい国」とは、たとえば「転職して新しい会社に入る」「新しい専門分野を開拓する」「新しいことを学び始める」「卒業して社会人となる」「新しい人間関係のなかに身を置く」「引っ越し・留学する」などのことが挙げられます。

これだけではなくほかにも、さまざまなかたちで「新しい国」はあなたの前に立ち現れるでしょう。

「時代」もまた、ひとつの国のようなものです。

たとえば「江戸時代」と「明治時代」は別の国のようなイメージを持っています。「昭和」「平成」「令和」ですら、それぞれが一つひとつの世界のようです。時代の変転は、私たちを新しい世界に立たせるのです。

・この国の言葉

国にはたいてい、固有の言語があります。

ほかの国と同じ言葉を用いる場合もないではありませんが、その場合でも、徐々に新しい要素が入り込みます。

たとえばアメリカ英語とイギリス英語には少なからぬ相違がある、とはよく言われることです。

「国」だけでなく、業界、場、家庭といった人間集団は、時間が経つにつれて徐々に、その場固有の言葉を生み出します。専門用語、ジャーゴン、方言、合い言葉といったものはどんな場にも存在します。たとえ学校の隣合ったクラスでも、隣のクラスの子には通じない言い回しというのがあったりします。

転職で新しい業界に入ったら、その業界の言葉をシャワーのように浴びて、吸収しなければなりません。引っ越して遠い場所に住めば、耳慣れない言葉を日々、キャッチすることになります。2021年のあなたの生活のなかでは、おそらくそうしたことが起こるのではないかと思います。

「新しい言葉」は、「場所」だけのテーマではありません。「時間」もそうです。流行語が一瞬で古くさくなるかと思えば、耳慣れぬ言葉を若者たちがさかんに口にします。

新しい価値観が生まれれば、新しい言葉がそこに生成されます。サスティナブル、エコロジカル、エシカルなど、概念と言葉はセットで生まれ、浸透していきます。

２０２１年、あなたはそうした新しい言葉を吸収し、使い始めることになるでしょう。もともと双子座は「言葉の星座」です。もし時代の大変化とともに、新しい言葉が爆発的に生まれたとしたら、双子座の人々はおそらく、その言葉の最初の「使い手」となるに違いありません。

・古い地図

たとえば中学生が最初に学校で英語を習うようなときには、そこに「具体的な目的」はありません。ただ「英語が読み書きできるようになる・聞いて話せるようになる」という、漠たる目標があるだけです。

その点「フランス映画を字幕・吹き替えなしで見たい」「宇宙飛行士になりたい」といった具体的な目的がある場合は、「言語の習得」は手段にすぎません。

前述の通り、2021年、あなたは新しい世界に足を踏み入れることになります。その最初の段階では「ちゃんと言葉が通じるだろうか」というような不安を抱いた状態です。

つまり、その段階ではまだ、「具体的な目的」は、ないかもしれません。でも、その世界に足を踏み入れるとすぐに、「具体的な目的」に出会います。それが「古い、謎の地図」です。

「古い地図」は、研究テーマであり、専門分野であり、仕事の目標であり、解くべき謎の比喩です。

「具体的内容」があるからこそ、「言語」やさまざまな知識、技術が、手段としての意味を持つことになります。

ドラマや映画などの世界で、「嫌われ者だけれども、いざというときすばらしい仕事をやり遂げるので一目置かれている」というキャラクターが登場することがあります。

「みんなとうまくやる」のはすばらしい能力ですが、それよりも「みんなとやることのナカミ」に軸足を置いたとき、人間関係のなめらかさはあとまわしになります。

学校に入った直後は、クラスメイトとうまくやれるか、友だちができるか、学校生活を楽しくすごせるか、といったことが気になります。

でも、ある時点をすぎると、「学ぶこと」「その先で社会人として出て行く世界」こそが考えるべきことだとわかってきます。

たしかに友だちとの時間は大切ですが、「学校のテーマ」はそこにはなく、学びと成長こそが目的なのです。

このように、テーマの「中」に入れば入るほど、気になることや目標とすることは、変わります。

冒頭のストーリーでの「古い地図」は、職場での「仕事のナカミ」、学校での「勉強の内容」に当たります。この「テーマ」を軸として、物事が展開していきます。

内容に入り込めなかったり、波風立てないことだけを気にしていたりすると、逆に、「居場所」を得ることは、むずかしくなることもあると思います。

職場の人間関係「だけ」を気にしている人は信頼されません。学校でも友だちづくりだけを目標にしている人は、なかなか親友を得られないでしょう。

何かしら、打ち込んでいるテーマがあるときこそ、そのまわりに人間関係が広がり、社会的な居場所が生まれるものなのだろうと思うのです。

・研究所

ひとりでできることなら、ひとりでやったほうが効率的です。

特に「研究」は、ジャマされたり、アイデアを盗られたりする心配がありますから、ひとりでやったほうがいいようにも思われます。

でも、実際はそうではなく、たくさんの「研究所」「研究室」が存在します。ひとつの謎を解くために、複数の人が集まって、知恵を出し合い、作業を分け合います。

２０２１年から２０２３年、あなたは前述の「テーマ」を介して、多くの人に出会えるでしょう。さらに、「研究所」のように、そのテーマを中心とした人間集団に参加し、所属することになるかもしれません。

企業やなんらかの組織集団、サークルや趣味の仲間のグループ、ジムやスポーツに関する集まり、ボランティアや社会活動など、さまざまな「目標をともにする人々の輪」に入っていけます。

もちろん、ひとりぼっちでなんらかの活動に打ち込む人もいるかもしれませんが、その場合でも、遠くにいる同好の士と連絡を取り合うなど、ヴァーチャルなネットワークに身を置くことになる可能性もあると思います。

さらに、そうした知り合いにいつか、「会いに行く」ことにもなるはずです。

・大きな成果を上げる

2021年なかばから2022年にかけて、あなたはなんらかの活動において、大きな成果を収めることができるでしょう。

あるいはこのタイミングで、転職や昇進、独立など、社会的な肩書きの変化を経験するかもしれません。

さらには、取り組んでいる活動において「ブレイク」を果たす人もいるでしょう。

社会における居場所がはっきりした節目に至り、がらっと変わるのです。

この変化は、あなたにとって大きな「名誉」となるでしょう。

過去10年、あるいは12年ほどのなかで目指してきたものに、ここで手が届きます。

自分の居場所を探してきた人は居場所を、自分の活躍の場を探してきた人は活躍の場を、ともに戦える仲間を探してきた人はその仲間を、この時期に探し当てることができるかもしれません。

この時期のあなたの、いわば「社会的選択」は、あなた個人の世界にとどまらず、あなたの周囲の人々の人生にも、強い影響を及ぼすことになります。

華やかな活躍と選択、そして、長旅の果ての「着地」のタイミングです。

・新しい役割と立場、仲間

2022年から2023年にかけて、「仲間」は研究所の外側へとさらに広がっていきます。

2021年にあなたが足を踏み入れた「広い世界」の全体と、さまざまなつながりを持てるようになるのです。

2021年の段階では、あなたはまだ「居場所」を得ていませんでしたが、「研究所」という足がかりをもとに、徐々に行動と関わりの範囲を広げて、ついには2021年に出会った世界に、ひとつのポジションを獲得できるのです。

2021年から2023年、あなたは大きな旅のような動きをしている、とも言えます。

未知の国に入国し、そのなかにある町や村を巡りながら、人に出会い、やがて自分の住むべき場所を見つけられるのです。

・ふたたび、謎の地図

たとえば、マンガ『ワンピース』では、海賊王を目指す主人公がすばらしい宝を探しに冒険に出ますが、物語が進むにつれて「宝を探し出すこと」が、実は二次的なテーマであることがわかってきます。

彼の旅が進むほどに、仲間を集めることや、世界の成り立ちと仕組みを知ること、社会の不正を暴くことなどが、彼の旅のもっとも重要な目的となっていくのです。

少年・青年マンガでは特に、そうした仕組みのものが多いように思われます。スポーツものでも、格闘ものでも、最初は技術を高めて試合に勝つことが目標とされますが、話が進むにつれてだんだんに、「真に意味のある成果」は、別のところにあることが強調されるのです。

それは、チームワークや友情、正義、愛などさまざまですが、目標が「途上」に浮かび上がってくる、という構造があるからこそ、なかなかゴールにたどり着かなくても楽しめる、長編の物語が成立します。

2021年から2023年の双子座の人々の紡ぐ物語にも、このことが当てはまるように思われます。

すなわち、最初の目標は「謎の地図」の解読なのですが、その目標に向かうにしたがって「社会的立場を得て、仲間との信頼関係を広げる」という「真のテーマ」が浮上するわけです。

では、「謎の地図」は、どうでもよくなってしまうのでしょうか。

おそらく、「どうでもよく」は、なりません。

そのことは、早ければ2023年にわかります。

あるいは、最終的にその意味と価値がはっきりわかるのは、2025年から2026年ごろになるかもしれません。

「謎の地図」は、あなたの人生の目的と深く関わっています。

2023年のなかで、「謎」のすべてではないとしても、半分かそれ以上の部分が解けることになるでしょう。

少々フライングになりますが、2025年以降、あなたは壮大な自己変革の7年に足を踏み入れることになります。

そのとき、「謎の地図」は、すでに「謎」ではありません。

あなたの行く先を示し、あなたを力強く導く、「人生の地図」として大活躍するはずなのです。

第2章

1年ごとのメモ

2021年——価値観の、コペルニクス的転換

・「啓示」の瞬間

2021年はたとえば「天使が降りてきて、だいじなことを語る」年です。天使は特別なときにしか来ませんし、だいじなことしか語りません。この「だいじなこと」はたいてい、未来に関することであり、同時に「何が正しいか」ということを含んでいます。

さらに言えば、天使が語ってくれるのは、天使自身の意見ではなく、神様からのメッセージです。無論「善い」メッセージです。

もちろんこれは、純然たる比喩です。

現実に翼の生えた何かが降りてくるわけではないと思いますが、それでも、そういう現象に似た感動や、ある種の「啓示」を受けるような場面はあるかもしれません。

たとえば『動物のお医者さん』というマンガの冒頭、高校3年生の主人公はある大学教授と運命的（？）な出会いを果たし、唐突に言われます。

「君は獣医になる！」

主人公はこの言葉を信じたわけではないのですが、結果的に獣医への道を進み始めます。

こんなふうに将来の職業が決まるなら、願ってもないことです。こんなすばらしい「啓示」は、マレです。

ほとんどの人が一度や二度は、未来の進路に悩みます。ある職業を選んだあとも「転職すべきではないか」「ほかにもっと自分に向いていることがあるのではないか」という疑いを抱き続ける人がいます。

自分がどんな道に進めるか、どんな生き方ができるかは、多くの場合、「自然に」「なりゆきで」決まります。職業選択の自由は社会的に保障されていますが、こちらがどんなに選ぼうと思っても、向こうから選んでもらえない場合があります。こちらではまったく選んでいないのに、向こうから勝手に「選ばれてしまう」場合もあります。おそらく、そうしたケースのほうが圧倒的に多いはずです。でなければ、「就職活動」であんなにたくさんの会社を受ける必要はないはずなのです。

あなたの人生が川のようなものだったとして、ほかの川がそれに合流してきて、流れが変わります。その「合流点」が、2021年に置かれているのかもしれません。その「合流」を、「君は○○になる！」といった決定的な啓示として体験する人もいるかもしれません。

あるいは、悩みに悩んだ末にようやく、その川との合流を受け入れる、といった展開もあり得ます。ですがこの場合でも、そこには深い納得が伴うはずです。

・価値観の転換

「啓示」になぜ「納得」が伴うかというと、そこには、ある種の正義が含まれているからです。倫理、正しさ、善、「価値がある」と思える何かが含まれているからです。

たとえば「コロナ禍」によってリモートワークを指示され、なかば強制的に家族とすごす時間が増えた結果、「これまで、日常的に、家族とすごす時間が少なすぎた。毎日通勤していた生活より、家族とすごす時間がメインとなっているこの生活のほうが『本当の生活』だ」と感じた人がいます。この人は会社と交渉し、リモートワークを中心とする働き方を継続できるようにしました。そして、より都会から離れた広い家に住むことに決めたそうです。

ある特別な体験を通して、人生についての価値観が変わり、そこから人生自体が変わる、というこのような現象は、ドラマや映画のなかではよく起こります。

「人生でもっともだいじなのは、お金ではなく、愛だ！」

「自分個人の成功ではなく、社会を変えることこそが、見るに値する夢だ！」

「失敗を恐れていては、何もできない！」

「もう親の敷いたレールにはしたがわない！」

等々、生きる上での価値観が激変するエピソードは、とてもポピュラーです。

とはいえ、自分自身の体験となると、なかなかむずかしい、と感じられるかもしれません。

たとえ「家族といっしょにすごす時間の貴重さ」に気づいたとしても、そこから

「現実を変えるための行動を起こす」人は限られています。社会が元に戻ろうとする力に流されて、「こんな生活はまちがっている」と思いながらも、また早朝から深夜までの外出勤務を繰り返していく人はたくさんいるでしょう。

ただ、2021年の双子座の人々にとって、「価値観の変化」は即、「啓示」のような力を持つ気配があります。

「人生でだいじなことは、これだった!」という新しい発見が、すぐにあなたを現実的な行動へと突き動かします。

「啓示」は、そうしたかたちでも訪れうるのです。

・山の彼方の、未知の世界

「山のあなたの空遠く　幸いすむと人の言う」

（カール・ブッセ）

毎日見ているあの山の向こう側には幸せがある、とみんなが話しているが、本当なのだろうか。

だれもが多かれ少なかれそんなふうに、「ここではない、どこか」を夢想し、あこがれた経験を持っているだろうと思います。

たとえ「生まれ育ったこの場所がいちばんいい！」とかたく信じている人でも、「本当にそうなのかどうか」は、その場所を離れてみなければ、たしかめることはできません。

とはいえ昔は「移動」はそれほど簡単なことではありませんでした。

移動手段が乏しく、生活に非常に手がかかる時代には、簡単に役割分担の縛りから抜け出せなかったからです。「パリに住んでいるがセーヌ川の向こうにわたることのないまま一生を終える」といった庶民の生き方は、珍しくなかったそうです。

それでも「あの橋をわたった向こう側」「あの山を越えた向こう側」にあこがれる気持ちは、今も昔も変わらないはずです。

あこがれをあこがれのままに終わらせるか、「向こう側」を見に出かけて行くか。2020年の社会状況ではむずかしかった選択も、おそらく、2021年には可能になっているだろうと思います。

あるいは、2020年とたいして変わらない状態だったとしても、物理的な移動以外に「向こう側」を知る方法はたくさんあります。

たとえば、学ぶこと。専門性を磨くこと。世の中について考えること。それらを語り合う相手を探すこと。

これらはすべて「山のあなた」に出かけてゆくのと同じアクションです。

双子座の2021年は、端的に言って「学びの年」であり、「旅の年」です。

両者は別々のことではなく、ひとつのことを指しています。それは「未知の世界を知る」ということです。

２０２１年、あなたはなんらかのかたちで、これまで知らなかった世界を知るでしょう。

そして、「知る」だけでなく、その体験はなんらかの行動に直結します。

・「目標」による、不思議な癒し

２０２１年は星座を問わず、5月なかばから7月に特別な時間帯が置かれています。

２０２１年5月なかばから7月が「前編」、２０２１年12月末から２０２２年5月前半が「後編」となるような、前後編もののストーリーが展開するのです。

双子座の人々にとって、この前後編のテーマは「社会的立場・キャリア・活躍」です。

新しい仕事を得る人もいれば、新しい立場に立つ人、社会的な肩書きが切り替わる人、「ブレイク」を果たす人もいるでしょう。

2012年ごろから少しずつ目指してきた場所に、ついにたどり着く人も少なくないはずです。

それは夢の場所、あこがれの場所、そして「癒しの場所」でもあるかもしれません。

この時期の目標達成によって、古い痛みや悩みがすべて解消する可能性があるのです。

たとえば、自信のなさで自分を否定してきた人は、このタイミングでのひとつの「成功」によって、自己否定のクセを捨てることができるかもしれません。

心の支えとなるような勲章を得て、他者へのねたみや劣等感から解放される人もいるかもしれません。

ある重要なポジションに立ったとき、それまでの悩みがごくささいなものに見えてくるのかもしれません。

「身近な人に夢を託すしかない」という気持ちから脱出し、自分で自分の夢を叶えよう、という意志を持てる人もいるでしょう。それによって、周囲との人間関係が驚くほどよくなっていくのかもしれません。


登りきった山のてっぺんに、長いあいだの渇きを癒す泉を見つけたとき、前述の「啓示」のようなものをつかむ人もいるはずです。

すなわち、価値観が一変し、新しい人生の目的を、信じられるようになるのです。

・「雲の上の人」と語り合うための言葉

２０２１年は、ふだんとは少し違った人々に出会えるときです。

「師」と呼べるような存在に出会う人もいるでしょう。

特に接触のなかった遠い親戚と、突然密な関わりを持つことになる可能性もあります。

「雲の上の人」だと思っていた相手と、親密になる機会をつかめるかもしれません。

これらは降ってわいたような幸運ではなく、あなたの知的向上心の結果として起こる現象だろうと思います。

何かを知りたいと思い、大きな疑問を抱いたら、それをぶつけられる相手を探したくなります。

その疑問が真剣であればあるほど、問いかけられた相手は、まじめにつきあってくれます。

同じことを深く考え、探究しようとする「仲間」として遇されたとき、「雲の上の人」は、「同じ目線で語り合える人」に変わります。

学ぶ気持ちを通して、あこがれの人たちと語り合う言葉を手に入れられる年なのです。

２０２２年――勝負と挑戦の年

・２０２１年の準備があって、２０２２年の勝負がある

２０２１年に体験したこと、学んだこと。

それを思い切って「ぶつける」場に恵まれるのが、２０２２年です。

たとえば、２０２１年に一生懸命トレーニングし、練習試合を重ねてきたなら、２０２２年の本物の試合で、その実力を試すことができます。

２０２１年に模試で腕を磨いたなら、２０２２年に本試験です。

２０２１年に資格を取って、２０２２年にその資格を活かして就職、といった展

開もありえます。

2021年に深く考えたこと、語り合ったことがあれば、そこから2022年、大きな花が咲きます。

2021年の準備が、2022年の活動のタネとなるのです。

2022年は双子座の人々にとって、大勝負の年、大挑戦の年、新境地の年、大改革の年です。

「大」のような大げさな強調をあなたはあまり好まないかもしれませんが、「この大一番！」というような局面が、2022年にどうしても、巡ってくるだろうと思うのです。

もちろんそうした場面でも、「いつも通り、飄々《ひょうひょう》と」進むことは可能です。

また、それですばらしい結果を出せる人もたくさんいるでしょう。

だいじなのはただひとつ、勝負や挑戦を「受けて立つ」ことです。

「自分にはまだその実力がない」「自分にはその資格がない」などと、闘う前からあきらめてしまったら、おそらく、後悔することになるでしょう。

・2種類の「勝負」

2022年の「勝負」「挑戦」は、前半と後半で別々のものになるようです。

1年間ずっと同じ闘いを続けていくのではなく、年のなかばで、テーマの切り替えが起こるのです。

まず、2021年の終わりから2022年5月は、新しいキャリアへの道がパッと開けるような時間帯です。社会的な立場や肩書きが大きく変わるようなタイミングです。ここでの出来事は、2021年の5月なかばから7月に、すでに始まっていたかもしれません。2021年後半に「一時停止」していたことがあれば、2022年前半に大きく進展し、結果を出せます。

ふたつめの「勝負」は、2022年8月下旬から2023年3月にまたがって展開します。この「勝負」は主に、「自分自身との闘い」「アイデンティティの刷新」「自己主張・自己表現としての勝負」のような内容になるはずです。

2022年前半の「挑戦」は、社会的立場の変化として体験されます。一方2022年後半の「勝負」は、自分自身の核になるようなもの、あるいは自分の心身や個人としての生き方に変化を引き起こすはずなのです。

「自分に合った活躍の場を見つけたい」「キャリアにおいて大きくステップアップしたい」「長年がんばってきたことに、はっきりした結果を出したい」「みんなに自分の実力や成長ぶりを認めてもらいたい」といった願いを抱いている人は、2022年の前半にその願いを叶えることができそうです。

一方「自分を変えたい」「昨日の自分に打ち勝ちたい」「体を動かして肉体改造をしたい」「やせたい」「ある技術を身につけたい」などの願いを持っている人は、8月下旬以降、熱いきっかけをつかんで怒濤の挑戦に臨み、勝利を収めることができるでしょう。

・新しい交友関係の風景

5月中旬以降、「新しい仲間ができる時間」となっています。

交友関係は比較的広い傾向のある双子座の人々ですが、この時期は特に、仲間との結びつきに熱がこもります。

すでに仲のよい人々との関わりも活性化しそうですが、それ以上に、「新しい仲間との出会い」を求めたくなるかもしれません。人から刺激を受け、あるいはよい影響を受け取って、自分の成長を促したい、という気持ちが強まるのです。

この時期の交友関係は、あなたの人格や生き方に、ダイレクトに「流れ込む」ことになります。人からの影響を強く受け取ることには、ある種の危険も伴いますが、あえて新しい関わりに踏み込んでいくことで、望む方向に「自分を変える」ことが可能になります。

この時期の「新しい仲間との関わり」は、あまりぬくぬくほっこりしたものではありません。親しく交われるのですが、「安心感」より「刺激」「スリル」のほうがずっと強そうです。

同じ世代、同じ興味、似たようなバックグラウンドの相手ではなく、自分とは大きく異なったものを持つ人々に心惹かれるでしょう。あうんの呼吸でわかり合える相手より、少しぎくしゃくしながらでも得るところの多い関係に惹きつけられるはずです。

たとえば旅行に行くにしても、よく知っている場所に行きたいときと、未知の場所に行きたいときとがあるはずです。それに似て、この時期は人間関係において「見たこともない景色を見たい」という思いが強まるだろうと思います。

・続いていく学びと、心の解放

2020年にスタートした「学びの時間」は、2022年いっぱい、まだまだ続いていきます。

特に2022年は、学べば学ぶほど、心が「自由になる」ようです。

自分を縛るような考え方、心を窮屈にしている古い鎖、無用な鎧《よろい》、自己否定したがる「内なる他者」の存在などを、時間をかけた勉強で少しずつ破壊していけるのです。

書物を読んだり学校に通ったりと、文字通りの「勉強」によって、自分を解き放つ人もたくさんいるでしょう。

また、「師」のような人と時間をかけて語り合ったり、日々の体験のなかで自分なりに考えを積み重ねたりすることも、立派な「勉強」です。そうした知的体験を通して、自分の心のなかにある、古い障害物を壊していく人もいるはずです。

この学びの作業は、2023年の春まで続きます。

・「何を受け取るか」を選択する

自分以外のだれかの「望み」に驚かされるかもしれません。

だれかが自分を強く欲してくれたり、必要としてくれたりするのは、とてもうれしいことです。

また、だれかがあなたに貴重なものを贈ってくれたり、教えを授けてくれたりする場面もあるでしょう。

あなたのニーズにこたえて何かをしてくれるのではありません。あくまで相手が能動的に望み、あなたに何かを「投げかけてくれる」のです。

贈り物、提案、仕事のオファー、協力の依頼、恋愛感情、性的な好意など、人が人に投げかけるものはさまざまです。

心を開いてほしい、笑顔を見せてほしい、できれば好きになってほしい、というような思いは、だれもが他者に対して抱く、自然な欲求です。

２０２１年11月から２０２２年3月頭にかけて、そのような「他者からの欲求」を、あなたは多く受け取ることになるでしょう。

もちろん、すべてを受け止めることはできないかもしれません。とてもうれしいものもあれば、イヤなものもあるかもしれません。「どれを受け取るか」は、あなた自身でしっかり吟味した上で、はっきり選択できます。

ここでは「何を受け取るかは、自分自身で選択する」という意識こそが、もっとも重要なのだと思います。「相手が気を悪くするとイヤだから、いらないものでも受け取っておこう」という方針は、あなたの「受け取るキャパシティ」をパンクさせる危険があるからです。

たとえば、必要とされるのがうれしいからと、依頼された仕事をなんでもかんでも受けていたら、パンクしてしまいます。パンクしたら、結果的に相手にも迷惑をかけることになります。

「他者が自分に寄せる、さまざまな欲」をそのまま受け取ってしまわず、一つひとつ「自分自身の欲」に照らして、限定的に受け取っていくことが、この時期とても大切なのです。

・「大活躍の年」がピンとこない？

「大活躍の年」という表現を見て、違和感を抱く方も少なくありません。

「自分は子育て中だから、何も挑戦はしていない」

「今は入院していて、何もできない」

「介護中で、自由に外出さえできない」

「鬱《うつ》で、長く家のなかにいる」

という方もいらっしゃいます。

そういう方にとって「大活躍の年」は、どういう意味を持つのでしょうか。

「大活躍の年」は、もっと別の言葉であらわすこともできます。「世の中」「社会」「目標」「視野の広さ」「自分の人生の目指すところ」等々が、すべてこの時期のテーマです。

「子育て」「介護」を完全に個人的な、プライベートな活動と見なす人もいますが、そうではありません。実際、子育てや介護ほど、社会的な活動もありません。たとえば「社会福祉」という言葉がそれを象徴しています。

たとえば、子どもを育てるにあたり、保育施設や教育機関を利用し、子育てにまつわる制度について考え、いろいろな人と意見交換し、何より「人間」というものの重要な知見を得ることになります。家族の介護でも、さまざまなサービスの存在を知り、役所の部署を知り、援助してくれる人々と新しいコミュニケーションを持つことになります。

子育てや介護にあたって「人間として生きるとはどういうことか」「人生で何がいちばんだいじか」などについて深く考えるようになる人はたくさんいます。たとえば子どもがやってしまったことに対して「これは叱るべきなのか、否か」と迷ったとき、その人はもっとも哲学的な問いの前に立っています。

「人間は社会的動物である」と言われることがあります。「大活躍の年」は、この「社会的」な部分が、大きく外側に開かれる年と言えます。

ですから、たとえば自分ひとりで子どもの面倒を見ていた人が、パートナーや身近な人との協力を試みたなら、それは立派な「大活躍の年」を生きていることになります。子どもという他者、パートナーや子育てにまつわるさまざまな人という他者と積極的に「関わらざるを得ない」子育ては、立派な社会的活動なのです。自分ひとりの世界から出て、他者のいる外界に踏み入ることこそが、この時期の「活躍」のかたちです。

たとえば引きこもっている人や、病を得てほかの活動に取り組めないでいる人は、だれよりも「社会とのつながり」について、強い意識を向けます。当たり前に世に出て活動しているときはむしろ、「世の中」の意味に無頓着でいられるのです。「大活躍の年」であっても、いろいろな事情で外に出られない人はいます。では、その場合星は関係がないかというと、決してそうではないのです。おそらくその時期、世の中や社会について、これまでになく深く考えることになります。ふだん関わらない人々と関わり、見たことのない世界を見て、心のなかに何かが覚醒します。

社会との結びつきは決して、報酬を得るような仕事だけでできているわけではありません。

自分自身の体験であれ、ほかのだれかの生き方であれ、「世の中に、こんな世界があるのか！」とびっくりしたなら、その驚きこそが「社会的活動の変化」への扉です。

2023年――新しい責任、外界という鏡

・現実と夢のギャップ

2022年後半からの熱い勝負は、2023年3月まで続きます。
「自分との闘い」に挑み続け、大きな勝利を収めることができるでしょう。
さらに5月なかばまで、「交友関係の拡大」の流れも続いています。
ともに夢を追える仲間に恵まれ、熱い思いを共有できるはずです。

2022年後半から2023年前半に描いたヴィジョンは、そのまま実行に移せ

ます。夢物語に終わることなく、着々と現実に変わっていくでしょう。

特に「夢が現実味を帯びる」のは、3月以降です。

夢が現実に変わり始めるとき、バラ色だった夢が灰色の現実へと変貌することに驚かされる場合があります。

でも、その「灰色」に耐えて少し進んだとき、新しい光が射し込むこともあるものです。

この2023年前半は特に、夢と現実のギャップが大きく感じられるかもしれませんが、ここで始まる「現実」には、ガッチリ取り組んでいくだけの価値があります。

・存在感、責任の重み

2022年は非常に華やかな年でしたが、2023年は5月以降、ぐっと落ち着いてきます。2021年から2022年に華やかに切りひらいた場所で、どっしりと安定した活動の軌道に入るのが2023年なのです。

たとえば2021年から2023年3月に一プレイヤーとして大活躍した人が、2023年春以降、監督やリーダーとして新しい活躍のかたちをつかむ、といったイメージです。

あるいは、たとえばだれかを育ててきた人は、これまでの「お世話をする」役割から、「教え導く」役割へとシフトしていく、といった変化が起こるかもしれません。

さらに、自分自身が「教えられ、導かれる」存在だったのが、ここからは「大切な人を守る」存在に変わっていくことになるのかもしれません。

キラキラの恋の関係が、どっしりと重みのある愛の関係に変化していくのかもしれません。

これまでは活発な動きを求められたのが、ここからは重厚な意志決定を求められます。これまでは勇敢さや大胆さ、フレッシュさが武器になったのが、ここからは経験や知識、人としての深み、懐の深さなどが問われるのです。

社会的責任は、一気に重みを増します。頼られ、信頼され、尊敬され、あこがれられるような立場に立つ人も多いでしょう。

ゆえに、強いプレッシャーやストレスを感じる人も、少なくないはずです。

「こんな重要なポジションを、本当に自分が担っていいのか」

「自己過信していたのではないか」

「できると思ってやってみたが、自分には向いていない気がする」

といった疑いを抱く人もいるでしょう。

そうしたときは「その活動自体の意義」を問うてみることが、ひとつの分岐点になりそうです。

たとえば、この時期自信がないながらも取り組んでいる活動が、人から尊敬されるようなこと、自分で誇りに思えること、胸を張って「これは大切な役割だ」と言えるようなことなのであれば、もう少し続けてみるべきです。特に、2012年ごろからずっと志してきたこと、夢見てあこがれてきたことなら、その階段は少し苦労してでも、のぼってみる価値がありそうです。

一方、取り組んでいる活動が、なんらかの不安や恐れを解消するためのものであったり、だれかから押しつけられたものであったり、恨みや憎しみなどネガティブな感情の裏返しであったりするなら、そこに踏みとどまることは、むしろ「逃げ」の一種なのかもしれません。

大切なのは、それが「本当に自分の願いなのか?」ということです。

2021年ごろから、「たしかにこれは自分自身の願いだ」と思って走り続けてきたテーマの延長線上に、2023年のチャレンジがあるなら、それは「もう少し進めばかならず、楽になる」ような道のりです。

・「自分」に目を向ける

フィクションの世界では「自分の影がもうひとりの自分として立ち上がり、自分に語りかけてくる」といったシーンがよく見られます。2023年5月以降はそれにも似て「自分自身と対話する時間」が増えるでしょう。

私たちはだれもが、「自分のこと」にはなかなか、気づきません。ですが突然、ちょっとしたきっかけを得て「自分は、こうだったんだ！」と電撃的に気づかされることがあります。

長所についても、短所についても、「見えていなかったもの」が見えてきたとき、それまで「なぜこういうパターンになるのだろう、おかしいなあ」と首をかしげていた謎が、すべて解けたりします。

2021年から2022年前半に切りひらいたフィールドでの体験が、その発見につながるのかもしれません。

また、2021年ごろから新しい人間関係のなかに身を置く機会が増えたはずですが、過去2〜3年のなかで出会った人々が、あなたの新しい「鏡」のような役割を果たしてくれるのかもしれません。


私たちは、ひとりでいるときや、すでによく知っている人々のなかに身を置いているとき、なかなか「新しい自分」には出会えないものです。

新しい場に身を置き、未知の人々と出会い、そこではじめて、「自分は、こういう特徴を持っているんだ」と気づかされます。

海外に出てはじめて「自分の日本人らしさ」に気づく、という話をしばしば、耳にします。外に出てみると、「当たり前」が「特別な性質」に見える、という変化が起こるわけです。

これは、海外に出たときのみならず、たとえば「小学校から中学校に進学する」といった変化でも起こりえます。「学生から社会人になる」「生まれ育った土地から他県に移転する」「ひとり暮らしを始める」といったシフトでも、「自分はこんな人間だったんだな」という発見が、あらゆる場面で起こります。

2021年から2023年前半までのあいだに起こった「未知の世界・未知の人々との遭遇」の経験を通して、「自分は、こうだったんだ！」という発見が起こるのが、2023年後半です。

「外界」を鏡のように使って、「自分」を見ることができる時期なのです。

ここでとらえ直せるのは主に、過去から現在に至る自分の姿です。

少々フライングになりますが、2024年なかば以降、今度は「現在から未来に向かう自分」を考えることになります。

この時期の「発見・とらえ直し」は、2024年からの「アイデンティティの再構築」の作業の、大切な土台となります。

・愉快なコミュニケーション、学び

6月から10月上旬にかけて、すばらしいコミュニケーションに恵まれます。多くの人と楽しく語り合えますし、友人知己が増えるでしょう。いろいろな人からうれしい誘いを受けます。人から賞賛される場面も多そうです。たくさんのメッセージのやりとりのなかで、素敵なアイデアが生まれ、結びつきが育ちます。

兄弟姉妹との関係もとても良好になるでしょう。

勉強が楽しくなっていく時期でもあります。特に過去2~3年は、学ぶことについてプレッシャーを感じがちだったかもしれませんが、2023年は「学ぶつらさ」が「学ぶ喜び」へとシフトしていくタイミングとなっています。

勉強は、スタート時点では靴ずれのようにつらいことを伴いますが、進めてゆくにつれて、はき慣れた靴のように体になじみ、どこに行くにも不可欠の「相棒」になってくれます。たとえば外国語も、習い始めはちんぷんかんぷんで苦痛ですが、だんだん意思疎通が図れるようになると、楽しくなってきます。

そんなふうに、過去2～3年の努力が実り、今ではどんな場所にも自由に動けるすばらしい機動力が身についています。ゆえに、新しいことをどんどん知る喜びに充たされるのです。

・「欲」との対話

私たちはさまざまな欲望を持って生きています。

欲望の強さは、人それぞれです。食欲、睡眠欲、性欲など身体的なものから、所有欲や独占欲、依存欲求、自己顕示欲など、生き方にまつわる欲もあります。いずれも、人によってその強度は、大きく異なります。

「欲求の強さ」は、他人にはほぼ理解できません。欲の強さの差は、人と人とを分断する力のひとつでもあるように思われます。たとえば、食欲が乏しい人には、食いしん坊の気持ちは想像できません。短い睡眠で足りる人の目に、多くの睡眠を欲する人は、だらしない怠け者と映ります。

多くの文化で、貪欲は悪とされます。人間集団はみんなでリソースを分け合って成り立つので、だれかひとりが特に多くのものをほしがることは、たしかにアンバランスで、迷惑なことと言えます。宗教でも、一般的な道徳の世界でも、「欲ばり」は悪なのです。

これは、非常に困ったことです。「生まれつきたくさん食べたい人もいれば、そうでもない人もいる」という状況のなかで、「たくさん食べるのは悪」となれば、欲の強い人ほど、つらい思いを強いられます。でも、小食の人には、「大食の人のつらさ」はまったくわからないのです。

つらい思いをさせられる、つくられた「悪人」。

今の世の中は、人の欲の違いについて、まだ前向きな解決策を見いだせていないように思われます。


2010年ごろから、あなたは自分のなかの「欲」と闘ってきたかもしれません。あるいは、だれかの「欲」に悩まされてきたかもしれません。ひとりの人のなかにも、「ある欲は強く、ほかの欲は弱い」といった差があります。「欲」はしばしば、病的な現象にも結びつきます。摂食障害や性的依存などはその代表です。

もしあなたのなかに、2010年ごろから「なぜ自分はこれに執着してしまうのだろう」「どうしてこれがないと生きていけないのだろう」という悩みがあったなら、2023年はその悩みが少し軽く、小さくなり始めるタイミングです。

完全にフェイドアウトするのは2025年ごろかもしれませんが、少なくとも2

０２３年のなかで、変化の予兆を感じられるだろうと思います。

他者との関わりのなかで、強い依存や束縛が起こっていたり、自分のなかでどうしても解決できない心情的な問題があったりしたなら、それらもまた、２０２３年のなかで、軽減し始めるかもしれません。

私たちは自分で思うよりずっと、他者の意向を自分自身の望みに置き換えてしまうところがあります。

そんな「置き換え」の理不尽に気づき、自分自身の欲望を持とうとする気持ちも、この時期、芽生え始めるかもしれません。

第3章

テーマ別の占い

愛について

「愛と欲望」という言い方があります。この表現が用いられる場合、「欲望」は主に金銭的な利益を指している場合も多いのですが、「愛」の世界に「欲望」がまったく関係ないかというと、そうでもありません。

愛するということは、広い意味でだれかを「欲する」ということです。「愛」は「欲望」をその内側に含んでいるはずです。

２０２１年から２０２３年の双子座の「愛の世界」では、この「欲望」にスポットライトが当たっています。

何を欲するか。人から欲されるとはどういうことか。

自分の欲望とどのようにつきあうか。愛はそれと、どんな関係にあるのか。

このテーマは、非常にむずかしい要素をたくさん含んでいます。

たとえば、ある人に惚れ込んで何度も求愛し、口説き落として、やっと恋愛関係になれたそのとたん、相手への興味が消えてしまった！というケースがあります。この現象は決して珍しいものではありません。たしかに愛の欲望があったのに、手に入れたとたんに気持ちが冷めてしまったのは、その「欲望」が、愛とは関係ない、何か別のものだったからなのかもしれません。

家族から結婚するようにと強くすすめられて、「結婚したい」という思いを抱き、晴れて結婚できて喜んでいたものの、しばらくして「この結婚はいったい、自分にとってどういう意味を持つのだろう？」という疑問を抱いた人もいます。

この人は、自分の気持ちと向き合い、掘り下げていった結果、ある答えにたどり着きました。「結婚は、自分の望みだ」と考えていたのですが、実際はそうではなく、「周囲からの期待にこたえたい」「結婚できる自分だということを見せたい」という欲があっただけだったのです。

何を欲するか、何を望むか。その欲求は、その望みは、本当に自分の心に根ざしたものなのか。

もし、結婚の動機が「愛」ではなかったとしても、自分が結婚に望んだものが明確で、その望みが本物の望みで、さらに、望んだ通りのものが手に入ったとすれば、この人は幸福になれるはずです。

2021年から2023年にかけて、あなたが愛の世界で考えてゆくのは、そんな自分の「欲」についてであるようです。

・愛を探している人

この3年間は前述の通り、非常に多忙です。ゆえに、恋愛やパートナーシップに時間を割くことがむずかしい、と感じる人も少なくなさそうです。

ただ、「世の中」に目を向ける機会が増えるぶん、今までにない、いろいろな層の人々と出会うことにもなります。

人を見る目が肥《こ》えますし、自分自身も成長を遂げるため、「タイプの相手」像が大きく変化していくでしょう。

特に、これまで狭い範囲でしか出会いのなかった人は、「世の中には、こんなにいろいろな人がいるんだ！」という思いを強くするでしょう。

出会いの可能性が、これまでの何倍にも拡大していく時期なのです。

2021年は特に「アプローチを受ける」場面が多いかもしれません。自分から動いてはいけないということではありませんが、意外な人から声をかけられたり、誘われたりすることになりそうです。

誠実なアプローチかどうかということがまず、非常に重要です。相手が自分に何を求めているのか、それが自分の望みと合致しているのか、慎重に見極める必要がありそうです。

おたがいのあいだに社会的立場の差や、年齢、社会的経験の差がある場合は、無意識に姿勢を低くしてしまう危険も。愛の場では社会的な差を超えて、心と心が対等であることが求められます。対等であることの自由が感じられない関係には、注意が必要かもしれません。

2022年は「自分から動く」ことができる年です。
特に年の後半は、積極的・能動的に愛に向かって動いていけます。なかばハンター的な感覚を持つ人もいるかもしれません。

とはいえ、遊び半分ということにはなりません。

ともに未来を共有できる相手はだれなのかを、責任を持って探していけます。

2022年は特に「自分が何を欲しているのか」を、真剣に考える必要がある時期でもあります。

あなたのなかにある「欲」がアクションに直結する時期であるがゆえに、その「欲」が何でできているのかを知らないでいると、「手に入ったら即、興味がなくなる」といった展開になりやすいのです。


2023年は地域コミュニティなど身近な場所での出会い、学びの場での出会い、兄弟姉妹に連なる人間関係を通した出会い、などのチャンスがありそうです。

特に、何か新しいことに興味を持ち、そのテーマについて学んだり、ディスカッションしたりしていく過程で、パートナーとなる人と知り合う、といった展開が考えられます。

興味関心の方向が一致する人、同じ価値観を持つ人、趣味が似ている人などと、自然に距離が縮まることもあるでしょう。

あなたの持ち前の知的好奇心のおもむく先に、「その人」が待っているかもしれません。

・パートナーがいる人

パートナーとともに学び、ともに闘い、「戦友」となれるような3年間です。頼りにしたり、頼られたり、という場面が増えるでしょう。

おたがいが社会的に多忙な状況に置かれ、そこで学んだことや考えたことを共有するなかで、信頼関係が深まります。

とはいえ、あなた自身が非常に多忙な3年間なので、パートナーとの連携や意思疎通を「意識的におこなう」ことがポイントとなるかもしれません。

何もせずにいれば、忙しさに流されて、「生活のすれ違い」が生じかねないのです。おたがいのことはおたがいによくわかっている、というつもりでも、共有できる時間が少なかったり、コミュニケーションがおろそかになったりすれば、だんだんと心の距離ができ、違和感が大きくなっていきます。

特に2022年後半から2023年前半は、あなたの側から折に触れて働きかけ、自分の現状を伝えたり、相手への愛情をはっきり表現したりすることが必要となりそうです。


さらに2023年のなかばは、愛のコミュニケーションが広がり、愛の信頼関係を大きく育てることができる時期です。

妙な遠慮からガマンを重ねる、といったことをせず、思ったことをしっかり伝え、話し合って、おたがいをおたがいのために変えていけます。

人間は、だれもが多少は、偏りのある価値観や役割観念を持っています。この偏りは、深くコミットした関係のなかでしか調整していけない部分を含んでいます。たとえば、「女性が家事をし、男性が外で稼ぐ」といった古典的な役割観念は、現代社会では通用しないはずですが、少なくとも日本の実際の家庭のなかでは、この感覚がまだまだ、根深く残っています。

そうした役割観念に苦しさを感じている人が、「もっと違う家庭の運営」を望み、パートナーと粘り強く対話をして、現状を変えていく、といったことが、この時期実現しやすいだろうと思うのです。

パートナーシップは、ごくプライベートなものと考えられ、実際、その通りです。ですがその一方で「自分以外の他者」とともに活動するという意味では、「社会的な関わり」という側面も備えています。

パートナーとの関係を、あくまで個人同士の心情的なつながりととらえることに加えて、この時期は「社会的なつながり」としてのとらえ直しが可能になるかもしれません。

世の中には、パートナーと自分をほとんど「同一視」してしまう人もいます。これは、子どもと自分を同一視してしまうのと同じくらい、危険なことです。

なぜなら、人は他者を自分と同一視すると、相手を自分の思い通りにコントロールできるはずだ、と感じてしまうからです。

たとえばパートナーの失敗を自分の失敗のように感じて、自分が先に平謝りしてしまう人がいます。こうした心情は、本当は少し、問題があるのかもしれません。

あまりにも密着し、同化しすぎた心の距離を、この時期は少し整理して、客観的に相手を見る目を養う人も少なくないはずです。

・愛に悩んでいる人

自分の社会的な力に自信が持てる3年間なので、愛への悩みのかたちも、この時期大きく変わる可能性があります。

たとえば、社会的に力のある人物に非常に魅力を感じていた人が、自分も相手と同じような社会的パワーを身につけたとき、相手への興味や執着から解放されたりします。

一方、外の世界に打って出て、ガンガン闘っている時期には、心に密かに溜め込んだ悲しみやつらさ、孤独感などを、だれかに埋めてもらいたい、という気持ちも強まるかもしれません。忙しければ忙しいほど、心の支えを求める、という流れもありえます。光が強まるほど、影の部分も濃くなる道理です。

この場合、こんがらがった愛の悩みは深まってしまう可能性があります。外で強がりすぎるがゆえに、内側での弱さが増していく、というアンバランスは、どこかで是正されなければならないかもしれません。

2022年8月下旬から2023年3月は、愛の悩みと向き合う上で、非常に特別な時間帯となっています。

あなたのもとに意欲と戦意、勇気とイニシアチブを司る星・火星が長期滞在するからです。火星は古来「男性性」を象徴する星です。

愛の関係の上で、「男性性」を行使するということは、どういうことでしょうか。

私たちは悩みを抱えたとき、たいていは受動的な状態にあります。もし、問題解決に向かってバリバリ能動的に動けるなら、それはもはや悩みではないからです。

愛の世界では「自分ではどうにもできない部分」が圧倒的に多いため、悩みも自然「どうなるのかしら」「相手はどう思っているのだろう」という、受動的なものになりやすい傾向があります。

ですが、この２０２２年の後半から２０２３年の前半は、「自分はどうしたいか」「どう行動するか」という観点から動くあなたがいるのです。

長いあいだの愛の混乱した悩みも、このタイミングでまったく別の切り口から、自分の手で解決できるかもしれません。

また、２０２３年は「サポート」に恵まれる年でもあります。人の力を借りて、問題を前向きに解決できる時期です。

・愛の季節

この3年のなかで愛に強い追い風が吹く時期は、２０２１年5月から6月頭、8月なかばから9月上旬、10月から11月頭、２０２２年6月下旬から7月なかば、9月末から10月、11月なかばから12月上旬、２０２３年4月中旬から5月頭、11月から12月頭です。

さらに、2021年8月下旬から2023年3月は、能動的にアクションを起こせるタイミングです。過去の恋愛のパターンを変えたい人は、ここでチャンスをつかめるでしょう。

2021年11月から2022年3月頭は、とても官能的な時期となっています。心が融け合うような、深い愛の体験ができるでしょう。ただし、玉石混淆に誘惑が多い時期ですので、「自分の気持ちを見つめる目」と「人を見る目」の両方を、大切にしたいところです。

仕事、勉強、お金について

・仕事について

3年全体が「仕事の季節」です。

このなかに、ふたつの「山場」があります。

ひとつ目の山場は、2021年5月後半から7月、2021年終わりから2022年5月上旬です。このふたつの期間は「ワンセット」、ふたつでひとつです。

大活躍できる時期で、大きな成果を上げられます。

社会的立場が新しくなる人もいるでしょう。

あるいは、この時期に突然「ブレイク」を果たす人もいるはずです。

この間に得た新しい社会的ポジションは、この先かなり長く続いていく可能性があります。

このタイミングでの仕事の成果が、ひとつの勲章のようになり、「この実績があればどこに行っても仕事ができる」といった状態になるかもしれません。

2012年ごろからの夢がここで現実のものとなる人もいるでしょう。

漠然と描いてきたヴィジョンが不意に、現実的な「器《うつわ》」のなかに注ぎ込まれ、かたちをとります。

ふたつ目の山場は2023年3月で、この時間が「扉」となります。ここから2～3年をかけて、あなたの社会的地位は揺るがぬものとなっていくでしょう。

ひとつ目の山場と違うのは、ここからの流れが長期的なものであること、そして、「重み」が増すことです。

責任の重み、立場の重み、存在感の重み。

仕事の内容自体の重みが増して、キャリアがどっしりとした城塞《じょうさい》の趣を帯び始めるのです。

たとえるなら、2021年から2022年に開拓した広い土地に、2023年から時間をかけて大きな建物を建設していく、といった流れになります。

「開拓」は若々しい活気にあふれ、ワイルドな部分も含みます。勢いでどんどん突き進み、出会ったものに即時対応していく冒険心が問われます。

一方「建設」は、練り上げられ、洗練され、何より頑丈でなければなりません。「勢いで突っ走る」ようなことはできません。関わる人々の人数がどんどん増えますから、マネジメント能力も要求されます。

この3年をかけて、あなたはかなり高いところまで、長い階段を駆け上がっていくことになります。たどり着く先は、「人生」の意義を感じられるような、広やかで重要な場所です。

3年間を通して多忙な時間となっていますが、特に忙しくなりそうなのは2022年4月から5月です。すばらしいチャンスをつかむ人もいるでしょう。また、過去2年ほどの「仕上げ」をするとともに、「これから」のスタイルを大胆に仕込める、節目の時間です。

また、2022年8月下旬から2023年3月は、熱い「勝負」の季節となっています。どんな闘いに挑むかは人それぞれですが、特に仕事の世界で「勝負」を選択する人も少なくないはずです。

・勉強について

２０２２年12月から、２０２３年3月頭までが、すばらしい学びの時間となっています。この間、みっちり指導を受けたり、専門性を高めるための挑戦を重ねたりする人が少なくないでしょう。

非常に高度なことを学べますし、「師」にも恵まれます。

なかには、自分が教える側に立つことで、圧倒的な学びを得る、という人もいるでしょう。教えることは、もっともすばらしい学びの機会となります。

特に２０２１年は、集中的に学ぶことができる時期です。新しく学ぶべきテーマに、電撃的に出会う人もいるかもしれません。生涯をかけたいような研究テーマ、この先ずっと自分の専門分野とできるような世界に出会えそうです。

2020年終わりから2023年3月頭の「学び」は、あなたの心のなかの「開かずの扉」のカギです。長らく閉じられていた扉の、ロックを解除してくれるのです。

この時期の学びによって、「牢獄から外に出る」ような体験をする人もたくさんいるはずです。

2023年6月から10月上旬は、学ぶことがとても楽しく感じられるでしょう。好きなこと、楽しめることについて、気持ちを楽にしてのめり込めます。2020年の終わりからの「学びの季節」には、かなりストイックな部分が含まれているのですが、この2023年夏の学びは、ひたすら楽しく、心を充たしてくれるでしょう。

・お金について

２０２１年11月から２０２２年3月頭は、経済的な人間関係が大きく動きそうです。たとえば、パートナーの収入が大きくアップし、その結果、ライフスタイルや日ごろの役割分担が変化する、などのことが考えられます。

だれかからすばらしいギフトを受け取る機会もあるかもしれません。

「愛について」の項に「欲望」について書きましたが、経済的な欲望に関しても、この時期は動きがありそうです。

特に２０１０年ごろから、物質的・経済的な行動パターンが変化してきたという人は、その変化の「最終段階」に当たるプロセスが進むのが、この時期です。

ほしいものが変わったり、他人との経済的な関係性が変わったり、他者から求められ、期待されるものが変化し続けてきたなら、その「ゴール」が２０２３年から

2024年あたりに置かれているのです。

たとえば、仕送りによる支配が終了するとか、経済的な「縛り」から解き放たれるといったことが起こるかもしれません。

現代社会では、経済力はしばしば「支配力」に変わります。「家族との折り合いが悪いけれど、経済的な事情で家を出られない」「離婚したいけれど、お金の問題があるからできない」といった苦悩を抱えている人は少なくありません。そうした「経済的支配関係」から脱出できるのが、2024年ごろなのですが、2023年3月からすでに、「脱出」へのアクションを開始できるはずです。

住処、生活について

・住処、家族

「外」での活動がどこまでも活性化しているぶん、「家《うち》」のことが多少、手薄になるかもしれません。

ひとりで何もかも抱え込んでしまうと、孤立感が深まります。できるだけ周囲とのチームプレイを意識し、分担・連携・情報共有を心がけることが大切です。

2021年11月から2022年3月頭は、他者への感謝やお礼、報酬といったことを強く意識することになるでしょう。手伝ってもらったお礼、サポートしてくれたことへの感謝、相手が「やってよかった」と思えるような何かをお返ししていくと、関係を強化できそうです。

相手が身近な存在であればあるほど、やってもらったことが「当たり前」になりがちです。なぜなら、自分も相手にたくさんのことをしてあげているからです。でも、人間は「やってもらったこと」は忘れがち・見逃しがちで、「やってあげたこと」は非常によく記憶する生き物だそうです。また、「やってあげたこと」を相手に忘れられると、深い失望を感じる生き物でもあります。

お礼や報酬など、相手が喜ぶようなことを考えるのは、この時期とても大切なテーマです。パートナーや家族、身近な人々など、サポートしてくれた相手が「やってよかった」と思えるような場面を、意識的につくることができるときなのです。

2023年6月から10月上旬は、兄弟姉妹や幼なじみ、近所の人々との関係にスポットライトが当たります。こうした関わりはとてもうまくいっているケースもあれば、だれよりも憎み合っていたり、長年音信不通だったりする場合もあります。なかには、冠婚葬祭など、どうしてもはずせない機会に渋々顔を合わせる、といったところから関係性を再構築しなければならない人々もいます。

この時期はそうしたことが比較的、望ましい展開を見せやすいでしょう。無理に再会した兄弟姉妹でも、案外平和にやりとりできるようになっているかもしれません。

もともと関係が良好な場合は、この時期はいっしょに遊んだり、楽しい企画を実行したりと、ゆたかな時間をすごせるでしょう。あなたの困りごとを、兄弟姉妹が解決してくれるかもしれません。

2023年5月以降は「自分だけの時間・空間」がとても重要な意味を持つようです。家のなかに自室と呼べる場所がない人も、この時期デッドスペースを改造するなどして、「自分だけの場所」をつくることになるかもしれません。

家族に関して変化が起こりやすいのは、2021年7月後半から9月なかば、2022年8月から10月上旬、2023年7月から11月頭です。

子育てに関して追い風が吹くのは、2021年8月なかばから11月頭、2022年8月末から10月、2023年11月から12月頭です。2023年8月末から10月前半は、少し力を入れなければならないテーマが出てくるかもしれません。

・**生活、健康**

3年を通してワーカホリックになりやすい時期ですので、意識的に休暇を取り、リラックス方法を研究しておくことがだいじです。

特に2022年夏から2023年春にかけては、何事もテンションが上がりやすいので、無理をしすぎると体調不良など、体のトラブルにつながります。「体が資本」を常に念頭に置きたいときです。

一方、この時期は「体を動かしたくなる」人も多いようです。趣味でスポーツやエクササイズを始めたくなるかもしれません。それ自体はよいことなのですが、すぐに結果を出そうとして無理をすると、危険です。決して先を急がず、自分の体に合ったかたちで進めることがだいじです。

２０２３年5月以降は、「英気を養う」ことがテーマとなる気配も。長期休暇を取るなどして、２０２１年からの疲労回復に努める人もいるはずです。人に助けを求め、甘えることもだいじです。

健康回復や生活改善のポイントとなりそうな時期は、２０２１年3月から4月、

10月末から12月頭、2022年8月下旬から2023年3月、2023年10月から11月です。

夢、楽しみについて

・夢

2022年5月中旬から11月まで、そして2022年12月下旬から2023年5月頭まで、双子座の人々にとって「夢を描き、夢のほうに向かっていく時間」がやってきます。

この時間のなかで、新しい夢に出会う人が多いでしょう。

また、夢を共有できる仲間に出会い、それがきっかけで夢が一気に実現に向かうかもしれません。

2012年ごろから、漠然とした、しかしとても気高い理想を高く掲げてきたあなたがいるはずです。

よりよいものを目指したい、より高い場所に立ちたい、という思いが、青い炎のように、あなたのなかに燃え続けていたのではないでしょうか。

その不思議なヴィジョンに、2021年から2023年のなかで、「かたち」が与えられます。

このプロセスを「夢が叶うプロセス」として体験する人も少なくないはずです。

・楽しみ

この3年間はどこか「使命感」にあふれていて、「遊びたい」「楽しみたい」という気持ちを感じにくいかもしれません。もちろん、楽しい時間はたくさんありますが、「それよりも打ち込みたいこと」があなたの前に、常に置かれている感じがあるのです。

責任を果たすことや社会に参加すること、仕事や勉強に打ち込むことなどが、この時期は「いちばん楽しいこと」となるかもしれません。

もっとも、2023年5月以降は、少し雰囲気が変わります。自分だけの時間を持って楽しむことも、このあたりから重要性を増していくでしょう。

また、2022年なかば以降は、交友関係が「楽しみ」になるかもしれません。たくさんの友だちができますし、人と関わることの喜びが、ひとまわりもふたまわりも大きくなるタイミングです。

自分、人間関係について

たとえば無名のアーティストがブレイクを果たし、一躍有名になったとき、その人の人柄がまったく変わってしまった、といったエピソードをよく耳にします。

歳を重ねた著名人が、若かりしころの自分を振り返って「あのころの自分は、勘違いして、天狗になっていた」などと苦笑することもあります。

社会的地位が変わると他者からのあつかいが変わり、それによって、「自分自身のあつかい方」も変わってしまう、ということなのかもしれません。

だれしも、おだてられれば多少は「自分は優れた人間だ」と感じますし、神輿《みこし》をかつがれれば「自分は偉いのだ」と感じてしまいます。

逆に、けなされれば自分をごく劣ったものと感じずにいられません。多くの人から非難され、否定されれば、自分のなかに閉じこもって二度と出てこられなくなることも、珍しくないのです。

私たちのセルフイメージはそんなふうに、決して、自分ひとりで紡ぐようなものではなく、常に周囲の反応を吸収するかたちでつくられていくところがあるのだと思います。

２０２１年から２０２３年、双子座の人の多くが、社会的地位の上昇を体験します。

責任が増し、部下や後輩が増え、「見上げられる」ようになります。

周囲からのあつかいも変化するかもしれません。

それによって、「自分」のイメージが少なからず変化することは、大いにありうることです。

もちろん、立場が変われば、「変えなければならない部分」も出てきます。

人のあとについていけばよかったときは、それほど能動性や主体性は求められません。でも、自分が先頭に立つとなれば、もっと主体的に、積極的にならねばなりません。より大きな声を出し、より勇敢になり、より大胆になる必要も出てくるでしょう。

立場の重みが増せば、「人に話しかける勇気」が必要になることもあります。たとえば出産して子どもを持ち、「公園デビュー」したとき、そこにいるほかの子どもの親に思いきって話しかけなければならない、といった場面も出てきます。まったく利害関係のない相手と、どうやって関わればいいのか、というテーマに、みずから答えを出さなければならないのです。「関わらない」というのもひとつの選択ですが、とにかく主体的に、「選択」はしなければならないのです。

新しい立場に合った、新しいセルフイメージをつくる。このことが、この3年間の大きなテーマのひとつとなるでしょう。

「あの人は変わったね！」というフレーズは、いい意味にも悪い意味にも使われます。「より強く、より懐深く、より気高くなった」という意味で「あの人は変わったね！」と言われることが、この3年間の隠れた目標なのかもしれません。

誤った方向に「変わる」ことを防ぐには、2022年から2023年の交友関係がカギになるかもしれません。

「朱に交われば赤くなる」で、よい友だちと関われば、自然に自分も、よい方向に成長していけるものです。もし、まちがった方向に変化してしまったときも、よい友だちがいれば、指摘してもらえます。

信頼でき、尊敬できる友と積極的に関わることが、「新しい自分」を望ましい姿にするための近道となりそうです。

第4章

3年間の星の動き

2021年から2023年の「星の動き」

星占いにおける「星」は、「時計の針」です。時計の中心には地球があります。そして「時計の文字盤」である12星座を、「時計の針」である太陽系の星々、すなわち太陽、月、7個の惑星（地球は除く）と冥王星（準惑星）が進んでいくのです。

ふつうの時計に長針や短針、秒針があるように、星の時計の「針」である星たちも、いろいろな速さで進みます。

星の時計でいちばん速く動く針は、月です。月は1カ月弱で、星の時計の文字盤である12星座をひと巡りします。ですから、毎日の占いを読むには大変便利ですが、本書であつかう「3年」といった長い時間を読むには不便です。

年単位の占いをするときまず、注目する星は、木星です。

木星はひとつの星座に1年ほど滞在し、12星座を約12年で回ってくれるので、年間占いをするのには大変便利です。

さらに、ひとつの星座に約2年半滞在する土星も、役に立ちます。土星はおよそ29年ほどで12星座を巡ります。

もっと長い「時代」を読むときには、天王星・海王星・冥王星を持ち出します。

占いの場でよく用いられる「運勢」という言葉は、なかなかあつかいのむずかしい言葉です。

「今は、運勢がいいときですか？」

「来年の運勢はどうですか？」

という問いは、時間が「幸運」と「不運」の2色に色分けされているようなイメージから生まれるのだろうと思います。


でも、少なくとも「星の時間」は、もっとカラフルです。

木星、土星、天王星、海王星、冥王星という星々がそれぞれカラーを持っていて、さらにそれらが「空のどこにあるか」でも、色味が変わってきます。

それらは交わり、融け合い、ときにはストライプになったり、チェックになったりして、私たちの生活を彩っています。

決して「幸運・不運」の2色だけの、モノクロの単純な風景ではないのです。

本書の冒頭からお話ししてきた内容は、まさにこれらの星を読んだものですが、本章では、木星・土星・天王星・海王星・冥王星の動きから「どのように星を読んだのか」を解説してみたいと思います。

木星：1年ほど続く「拡大と成長」のテーマ
土星：2年半ほど続く「努力と研鑽」のテーマ
天王星：6～7年ほどにわたる「自由への改革」のプロセス
海王星：10年以上にわたる「理想と夢、名誉」のあり方
冥王星：さらにロングスパンでの「力、破壊と再生」の体験

ちなみに、「3年」を考える上でもっとも便利な単位のサイクルを刻む木星と土星については、巻末に図を掲載しました。過去と未来を約12年単位、あるいは約30年単位で見渡したいようなとき、この図がご参考になるはずです。

・木星と土星の「大会合」

本書の「3年」の直前に当たる2020年12月、木星と土星が空で接近しました。「グレート・コンジャンクション（大会合）」と呼ばれる現象です。

肉眼でもはっきり見える「天体ショー」ですから、その美しい光景を記憶していらっしゃる方も多いでしょう。

あの隣り合う木星と土星の「ランデヴー」は水瓶座、すなわち、双子座の人々から見て「旅、学び、理想、未知の世界」を示す場所で起こりました。

2星は2021年、ほぼこの場所でいっしょにすごします。

そして翌2022年、木星は魚座へと出て行ってしまいますが、土星は2023年早春までこの場所に滞在します。

ゆえに本書のかなりの部分が、「学び、未知の世界」についての記述に割かれることになりました。

このグレート・コンジャンクションは、約20年に一度起こる現象です。ゆえに２０２０年年末は「ここから20年の流れのスタートライン」と位置づけることができますし、両者が同じ場所に位置する２０２１年という時間そのものが、ひとつの大きな「始まりの時間」と言うこともできます。

２０２０年12月のグレート・コンジャンクションは、双子座の人々にとって「未知の世界への扉」のような現象でした。あるいは「新たな専門性への扉」「新たな学びへの扉」だったかもしれません。

この扉を開いて、あなたは２０２１年からの3年間という旅の時間に足を踏み入れたわけです。

・土星の動き

土星は「時間をかけて取り組むべきテーマ」をあつかいます。

たとえば「ひとつの職場には、最低でも3年は在籍したほうがいい」などと言われます。これはもちろん、どんな場合にも当てはまるアドバイスというわけではありません。ですが土星のサイクルに当てはめると、ピンとくる気もします。「石の上にも三年」と言われる通り、3年ほどがんばってみてはじめて「モノになる」ことは、世の中に、けっこうたくさんあります。

それは星占い的に言えば「土星のテーマ」です。

前述の通り2020年、土星は双子座から見て「旅、学び、理想、未知の世界」の場所に入ります。そこから3年弱の時間をかけて、あなたは何か新しいことを深く学んでいくことになります。この学びは、勢いで一気に片づけるようなものではなく、時間をかけてコツコツ積み上げる類のものです。もとい、2021年だけは特別な勢いを感じられるかもしれませんが、あとはじっくり考え、掘り下げていくことになるでしょう。

「問題集の後ろを見ればすぐに正解がわかり、解説も読める」といった種類の学びは、この時期、関係がありません。本当の意味で「アタマを使う」こと、そして、自分自身のしっかりした考えを持つことが、この3年の学びのテーマです。前述の通り、旅からも多くを学べるでしょう。価値観が一変する人も少なくないはずです。

実は、この場所（水瓶座――双子座の人にとって「旅、学び、理想、未知の世界」を司る場所）の土星は、ごく「居心地がよい状態」にあるとされます。だれしも自分の部屋にいるときはたいてい、安心できるものですが、それに似て、「土星が自宅にいる状態」なのです。

土星は一般に「制限をかけるもの、孤独、冷却」とされ、重荷や重圧をもたらすと解釈されますが、山羊座と水瓶座においては「よいところが出やすい」と言われるのです。

ゆえに、この3年間の双子座の「学び」は、常に前向きに、発展的に進んでいくでしょう。未知の世界との遭遇も、もちろん相応の苦労はあったとしても、全体として好ましい結果をもたらすでしょう。

学べば学んだだけの意味がありますし、冒険も、意義あるものとなるでしょう。

もちろん、学びや冒険につきもののスリルやプレッシャー、ストレスはあるだろうと思います。ただ、それは決して「イヤなもの」ではなく、むしろ、真剣に学びに打ち込むことの喜び、充実につながる道のりであるはずなのです。

・木星の動き

2020年12月に水瓶座に入った木星は、そこから3年をかけて、あなたから見て「外界」に当たる場所を進んでいきます。

「未知の世界」から「社会的立場、キャリア」、そして「仲間、人的ネットワーク」、さらに「助け合い、救済」。あなたから見てこのような世界を、木星が運行していくのです。

木星は古くから「幸福の星」とされ、「成長と拡大、膨張の星」でもあります。

つまり、あなたの社会的な活動がこの間、どんどん拡大していくことになるわけです。

あなた自身の「存在感」もまた、大きくふくらみます。かつてよりもずっとたくさんの人と交流を持ち、社会的な輪が広がっていくでしょう。

これは「仕事」に関わることだけでなく、たとえばPTAの活動や子ども会の役員、地域コミュニティへの参加なども立派な「社会的活動」です。

・木星と海王星のランデヴー

特に2021年5月なかばから7月、そして2021年12月末から2022年5月、さらに2022年10月末から12月中旬の3つの時間は、少々特別な時間と言えます。

というのも、2012年ごろからあなたがひたむきに、あるいは無意識に目指してきたものが、「かたちになる」かもしれないからです。

2012年から、あなたの「社会的立場、キャリア」の場所に、海王星という星が位置していました。

海王星は夢や理想、ヴィジョン、救済などを象徴する星です。現世的な成功ではなく精神的な高みを目指す、非常に清らかな星です。

2012年ごろから、あなたは「真に人生の目標とできるテーマは何か」「自分の人生は何に捧げるべきなのか」「この世で実現されるべきことは何なのか」といった、非常に気高い価値を、人生のもっとも高い場所に置いてきたのではないでしょうか。

それが何か、具体的にはわからなくても、「本当に大切なものは、別にある」という思いを抱き続けてきたのではないかと思うのです。

そうした海王星的な願いが、木星という「器《うつわ》」を得て、現実的・具体的なかたちをとるのが、前述の時期です。

漠然と思い描いた夢が、現実のものとして「叶う」としたら、この時期です。

２０２１年から２０２２年は、非常に「大きな時間」、あなたのキャリアにおいて特別な時間となるかもしれません。

・天王星の動き

天王星はこの3年のあいだ、あなたから見て「秘密、隠されたもの、救済、自分ひとりの世界、過去」を象徴する場所に位置しています。天王星は自由と革命の星であり、テクノロジーと新時代を象徴する星でもあります。

天王星はひとつの星座に7年ほど滞在するのですが、２０１９年ごろからずっと、あなたは「心のなかの縛りや呪いを解く」ようなプロセスのなかに置かれています。だれにも見せずに抱えてきた苦悩やコンプレックス、自分で解きたくても解けない鎖などがあれば、この期間に「粉砕」できる可能性があります。天王星は「縛りを解く」「鎖を破壊する」星だからです。

２０１９年からの約7年の時間のなかでも、２０２０年からの3年は特別な時間と言えます。というのも、木星や土星が水瓶座を通る時間だからです。

水瓶座は天王星の「自宅」なので、天王星はほかの星座にいるときも、常に本国の水瓶座と太いパイプを持っているのです。

水瓶座に木星と土星が入っている時間は、そこで起こった変化や動きの成果が、勢いよく牡牛座（双子座から見て「秘密、隠されたもの、救済、自分ひとりの世界、過去」を象徴する場所）に流れ込みます。

これを解釈すると、2023年3月頭までの時間に「学んだこと」「体験した冒険」は、すべてあなたの心のなかにあるつらさや鎖を解消する力となる、ということになります。

学校での勉強のように、ただ知識を頭に詰め込むようなことではなく、まずあなた自身が潜在的に抱いている疑問や問題意識、悩みなどがあって、それを深いところまで降りていって解決するために、この3年間精力的に学べる、ということなのです。

双子座の人々にとって、自由はあこがれであり、正義です。

2020年からの学びは、単なる知識の吸収には終わらず、あなたの精神の改革、自由への飛翔に結びついていくのです。

・冥王星の動き

冥王星は2010年ごろから「他者の財、欲望、贈与、性的関係、パートナーの経済活動」などを象徴する場所に位置しています。

この星が次の場所、あなたから見て「旅、学び、理想、未知の世界」の場所へと移動を開始するのが、この2023年3月です。

2010年ごろから、人間関係において「欲望」「支配」「お金」などに関するダイナミックな変化を体験し続けてきたのではないでしょうか。

他者の財を管理する役割を担ったり、価値あるものを受け継ぐ作業を続けていたり、自分のものが自分だけのものではないような、特別な関わりを経験してきた人が多いだろうと思うのです。

こうしたプロセスが収束し始めるのが、２０２３年です。最終的に「完了」するのは、２０２４年ごろとなります。

特に２０２０年に、前記のテーマが大きく動いたはずですが、２０２１年からの3年のなかで言えば、２０２１年11月から２０２２年3月頭にかけて、前向きな変化が起こるかもしれません。

経済面での上昇気流に乗る人、性愛の面で深い喜びの体験を得る人もいるでしょう。

この冥王星の位置には、常にリスクが伴います。なぜなら、この場所は「門《ゲート》」だからです。たとえば、体にはさまざまな門があります。口や鼻、目や耳、肛門なども「ゲート」です。ゲートでは、出入りしていいものとそうでないものを、厳密に分ける必要があります。栄養は取り入れなければなりませんし、不要なものは出さなければなりません。栄養をブロックすることも、不要なものを「出さない」ことも、健康によくありません。

２０１０年からの冥王星はあなたに、「自分の世界に招じ入れてもいいものと悪いもの」について、深く考えさせてくれただろうと思います。

特に、「何を招き入れるか」ということは、人間の欲望と関係します。たとえば、「詐欺師は、人の欲望を刺激する」と言います。人を騙そうとする人は、まず相手のしてほしいことをよく知ろうとするのです。欲望を刺激されると、私たちは「ゲート」を開けようとします。でも、本当にそれを招き入れても大丈夫なのかどうか、そこに注意しなければならないのです。

一方、リスクを恐れるあまり、すべての欲望を無視して「完全にゲートを閉じる」という選択もあります。これは、たとえば引きこもりのようなアクションにも通じます。ゲートを開きっぱなしにすることも、閉じたままにすることも、どちらもよいことではないのです。

いつゲートを開き、いつ閉めるのか。

どんなに気をつけても、正解だけを選び続けることはできません。ゆえに、私たちは自分の欲に振り回されますし、病気になったりすることもあります。「マスクをして、手を洗って」というのは、「ゲートを閉める」ことです。でも、ものを食べるときには、マスクをはずさねばなりません。

自分の世界に、何を招じ入れるか。

この選択は決して、道徳的・教科書的な発想からだけでは、判断ができない部分を含んでいます。

たとえば、だれも人生から死を追い出すことができないように、人生にはよくないもの、悪いものもかならず、存在します。

ある人からの贈り物を受け取ることがいいことなのかどうか。ときには贈り物を突っ返さなければならないような場面も、人生には起こります。

2010年からの冥王星は、あなたにそんな問いを投げかけていました。そして、2023年から2024年に、その問答が収束しようとしているようです。

第5章

双子座の世界

双子座の世界

双子座のもとに生まれた人々は、好奇心ゆたかで、機動力に優れ、若々しい心を常に失わず、言葉や物語を愛し、話をしたり話を聞いたりすることを好みます。

理解力に恵まれていて、特に人のよいところを見つけ出したり、人の望むことを察知したりする力に長けています。ゆえに、相手に合わせすぎてしまって自分自身を見失うこともあるようです。

心の底に「自分を理解してほしい」という熱い願いを抱いていて、理解されないときには、深い孤独を味わいます。

一方で、双子座の世界には激しい反骨精神が秘められています。

多くの人が「正しい」と信じていることに対し、双子座の人々は「ほんとうにそうだろうか?」という、厳しい疑問のまなざしを向けます。

さらに、皆が「これは守られなければならない」と無防備に信じているものを、何気なく破壊してしまうことさえあります。

この「破壊」は、双子座の世界に組み込まれた、不思議な衝動です。

コミュニケーション能力に長け、空気を読むのが上手な人が多い双子座の人が、ときどき周囲がびっくりするような「破壊力」を見せるとき、場合によっては非常にユーモラスな雰囲気が生まれます。

人間関係についても、簡単にすらりと切り捨ててしまうところがあります。面倒くさくなると、その関係をあえて維持しようとはしないのです。双子座の「風」の力、ロジックの力、「ことわり」の力は、関係を切るハサミのように作用することがあるのです。

古い時代には、双子が生まれるメカニズムはわかっていませんでした。ゆえに、双子は不可解な神秘であり、自然のルールを打ち壊すような現象と考えられたこともあったようです。

双子座という世界には、「当たり前のこと」からはみ出してしまうような現実や、それを説明するための特別な知性が組み込まれています。

知性と、冷静な自制心とは、双子座の世界ではかならずしも結びつきません。容赦なく理不尽にぶつかる「荒ぶる魂」こそが、双子座の人の知性の「乗り物」なのかもしれません。

双子座の星

双子座を支配する星は水星（マーキュリー）、ギリシャ神話のヘルメスです。

ヘルメスは翼の生えたサンダルをはき、帽子にも翼が生えています。

彼は大神ゼウスのメッセンジャーであり、旅の神、ビジネスの神、雄弁の神、そして泥棒の神様でもあります（！）。

双子座の人々もヘルメスのように、翼の生えた靴をはいているかのようです。

どこにでも自由に出かけて行くことができますし、高い知性で物事を見渡すことができますし、思いを伝える術《すべ》を持っています。

学ぶこと、文字を読むこと、文字を書くことも、双子座の世界に不可欠です。本だけでなく、注意書きやお店のメニューなど、あらゆる文字のなかに双子座の人は世界の秘密のかけらを見つけ出そうとするのです。

ジャーナリズム、小説、話芸や話術などは、双子座の世界に属します。

おわりに

シリーズ3作目となりました『3年の星占い　2021-2023』をお手に取っていただき、まことにありがとうございます！

3年ごとに出る本、ということで、首を長くして待っていてくださった読者のみなさまもたくさんいらっしゃり、本当にありがたく思っております。

また、今回はじめて手に取ってくださったみなさまにももちろん、お楽しみいただける内容となるよう、力を尽くしたつもりです。

ひと昔前、まだコンピュータが一般的でなかったころは、星の位置を計算するだけでも大変な作業で、星占いはどちらかと言えば「むずかしい占い」でした。たった20年ほど前、私が初学のころは、天文暦を片手に手計算していたものです。それが、パソコンが普及し、インターネットが爆発的に広まった結果、だれもが手軽に星の位置を計算した図である「ホロスコープ」をつくれるようになりました。今ではスマートフォンでホロスコープが出せます。

こうした技術革新の末、ここ数年で「星占いができる」人の数は、急激に増えてきたように思われます。

とはいえ、どんなに愛好者の人口が増えても、「占い」は「オカルト」です。決して、胸を張って堂々と大通りを闊歩できるようなジャンルではありません。むしろ、こっそり、ひそやかに、「秘密」のヴェールに守られて楽しんでこその「占い」ではないか、という気もします。

もとい「占いを楽しむ」という表現自体、ちょっと首をかしげたくなるところもあります。この表現はこのところごく一般的で、私も「お楽しみいただければと思います」という言い方をしばしば用います。でも、実際はどうだろうか、と思うのです。

占いははたして、「楽しい」でしょうか。

もちろん「仲のよい友だちといっしょに、旅先で占いの館を訪れて、おたがいに結果を見せ合う」とか、「飲み会に占いの本を持ち込んで回し読みしてワイワイやる」などのシチュエーションなら、占いは少しドキドキする、楽しいエンタテインメントです。

ですが、その一方で、不安や悩みを抱え、追い詰められた人が、「藁《わら》にもすがる」

思いで占いに手を伸ばすとき、その思いは「楽しさ」とはかけ離れています。

「占い」は、楽しく、ちょっとふざけたものである一方で、非常に真剣で、極めて切迫したものとなるのです。恥ずかしながら私自身も、冷たい汗をかくような強い不安のなかで、占いに救いを求めた経験があります。


とりわけ2020年、全世界が突如、冷水を浴びせかけられたような、いわゆる「コロナ禍」に陥りました。多くの人々が突発的に、経済的な問題、人間関係上の問題、健康問題など、切実極まる問題に直面しました。

この人々が、いったいどんな気持ちで、こっそりと占いに手を伸ばしたことでしょうか。

それを想像するだけでも、胸を締めつけられるような思いがします。

日々私が書いている「占い」は、そうした、悩める心にこたえるものだろうか。
残念ながら私には、それに「こたえられる」自信が、まったくありません。

「占い」の記事は、フィクションやノンフィクションといった一般的な読み物と違い、読み手が自分自身の人生に、占いの内容をぐいっと引き寄せたとき、はじめて意味を持ちます。

ゆえに、読むタイミングが違えば、同じ占いの記事でも、まったく別の意味を持つことがあります。

最近、インスタグラムで、前作、前々作の『3年の星占い』の画像をアップしてくださっているのをしばしば見かけます。それらの画像に写る本の姿は、カバーも折れたり、スレたり、ヨレたりして、くたっとくたびれています。

そんなになるまで何度も読み返し、そのたびに違った意味を汲み尽くしていただいたのだ、と、心がふるえました。

私が書いたつもりのことを超えて、みなさんの手に届き、その人生に触れたときに、はじめて生まれる「意味」があるのではないか。

少なくとも今は、そのことを信じて、本書をお届けしたいと思います。


こんなことを書いた上で、あえて申し上げたいのですが、この『3年の星占い』、みなさまに「楽しんで」いただけることを、私は心から願っているのです。

というのも、ここからのみなさまの「3年」が、真にゆたかで希望にあふれる、幸福な時間となるならば、この本もおのずと「楽しくなる」に違いないからです！

太陽星座早見表
(1930 ~ 2027年/日本時間)

太陽が双子座に入る時刻を下記の表にまとめました。
この時間以前は牡牛座、この時間以後は蟹座ということになります。

生まれた年	期　間
1930	5/22 4:42 ~ 6/22 12:52
1931	5/22 10:15 ~ 6/22 18:27
1932	5/21 16:07 ~ 6/22 0:22
1933	5/21 21:57 ~ 6/22 6:11
1934	5/22 3:35 ~ 6/22 11:47
1935	5/22 9:25 ~ 6/22 17:37
1936	5/21 15:07 ~ 6/21 23:21
1937	5/21 20:57 ~ 6/22 5:11
1938	5/22 2:50 ~ 6/22 11:03
1939	5/22 8:27 ~ 6/22 16:38
1940	5/21 14:23 ~ 6/21 22:35
1941	5/21 20:23 ~ 6/22 4:32
1942	5/22 2:09 ~ 6/22 10:15
1943	5/22 8:03 ~ 6/22 16:11
1944	5/21 13:51 ~ 6/21 22:01
1945	5/21 19:40 ~ 6/22 3:51
1946	5/22 1:34 ~ 6/22 9:43
1947	5/22 7:09 ~ 6/22 15:18
1948	5/21 12:58 ~ 6/21 21:10
1949	5/21 18:51 ~ 6/22 3:02
1950	5/22 0:27 ~ 6/22 8:35
1951	5/22 6:15 ~ 6/22 14:24
1952	5/21 12:04 ~ 6/21 20:12
1953	5/21 17:53 ~ 6/22 1:59
1954	5/21 23:47 ~ 6/22 7:53
1955	5/22 5:24 ~ 6/22 13:30
1956	5/21 11:13 ~ 6/21 19:23
1957	5/21 17:10 ~ 6/22 1:20
1958	5/21 22:51 ~ 6/22 6:56
1959	5/22 4:42 ~ 6/22 12:49
1960	5/21 10:34 ~ 6/21 18:41
1961	5/21 16:22 ~ 6/22 0:29
1962	5/21 22:17 ~ 6/22 6:23
1963	5/22 3:58 ~ 6/22 12:03
1964	5/21 9:50 ~ 6/21 17:56
1965	5/21 15:50 ~ 6/21 23:55
1966	5/21 21:32 ~ 6/22 5:32
1967	5/22 3:18 ~ 6/22 11:22
1968	5/21 9:06 ~ 6/21 17:12
1969	5/21 14:50 ~ 6/21 22:54
1970	5/21 20:37 ~ 6/22 4:42
1971	5/22 2:15 ~ 6/22 10:19
1972	5/21 8:00 ~ 6/21 16:05
1973	5/21 13:54 ~ 6/21 22:00
1974	5/21 19:36 ~ 6/22 3:37
1975	5/22 1:24 ~ 6/22 9:25
1976	5/21 7:21 ~ 6/21 15:23
1977	5/21 13:14 ~ 6/21 21:13

生まれた年	期間	生まれた年	期間
2003	5/21 20:13 〜 6/22 4:11	1978	5/21 19:08 〜 6/22 3:09
2004	5/21 2:00 〜 6/21 9:57	1979	5/22 0:54 〜 6/22 8:55
2005	5/21 7:48 〜 6/21 15:46	1980	5/21 6:42 〜 6/21 14:46
2006	5/21 13:33 〜 6/21 21:26	1981	5/21 12:39 〜 6/21 20:44
2007	5/21 19:13 〜 6/22 3:07	1982	5/21 18:23 〜 6/22 2:22
2008	5/21 1:02 〜 6/21 8:59	1983	5/22 0:06 〜 6/22 8:08
2009	5/21 6:52 〜 6/21 14:46	1984	5/21 5:58 〜 6/21 14:01
2010	5/21 12:35 〜 6/21 20:29	1985	5/21 11:43 〜 6/21 19:43
2011	5/21 18:22 〜 6/22 2:17	1986	5/21 17:28 〜 6/22 1:29
2012	5/21 0:17 〜 6/21 8:09	1987	5/21 23:10 〜 6/22 7:10
2013	5/21 6:11 〜 6/21 14:04	1988	5/21 4:57 〜 6/21 12:56
2014	5/21 12:00 〜 6/21 19:51	1989	5/21 10:54 〜 6/21 18:52
2015	5/21 17:46 〜 6/22 1:38	1990	5/21 16:37 〜 6/22 0:32
2016	5/20 23:38 〜 6/21 7:34	1991	5/21 22:20 〜 6/22 6:18
2017	5/21 5:32 〜 6/21 13:24	1992	5/21 4:12 〜 6/21 12:13
2018	5/21 11:16 〜 6/21 19:07	1993	5/21 10:02 〜 6/21 17:59
2019	5/21 17:00 〜 6/22 0:54	1994	5/21 15:48 〜 6/21 23:47
2020	5/20 22:50 〜 6/21 6:44	1995	5/21 21:34 〜 6/22 5:33
2021	5/21 4:38 〜 6/21 12:32	1996	5/21 3:23 〜 6/21 11:23
2022	5/21 10:24 〜 6/21 18:14	1997	5/21 9:18 〜 6/21 17:19
2023	5/21 16:10 〜 6/21 23:58	1998	5/21 15:05 〜 6/21 23:02
2024	5/20 22:01 〜 6/21 5:51	1999	5/21 20:52 〜 6/22 4:48
2025	5/21 3:56 〜 6/21 11:42	2000	5/21 2:49 〜 6/21 10:47
2026	5/21 9:38 〜 6/21 17:25	2001	5/21 8:45 〜 6/21 16:38
2027	5/21 15:19 〜 6/21 23:11	2002	5/21 14:30 〜 6/21 22:24

石井ゆかり（いしい・ゆかり）

ライター。星占いの記事やエッセイなどを執筆。

12星座別に書かれた「12星座シリーズ」（WAVE出版）は、120万部を超えるベストセラーになった。『月で読む　あしたの星占い』（すみれ書房）、『12星座』『星をさがす』（WAVE出版）、『禅語』『青い鳥の本』（パイインターナショナル）、『新装版　月のとびら』（CCCメディアハウス）、『星ダイアリー』（幻冬舎コミックス）ほか著書多数。

LINE公式ブログで毎日の占いを無料配信しているほか、インスタグラム（@ishiiyukari_inst）にて「お誕生日のプチ占い」を不定期掲載。

毎晩、録り溜めた『岩合光昭の世界ネコ歩き』を30分ずつ見てから寝る。ネコは飼っていない。

Webサイト「筋トレ」http://st.sakura.ne.jp/~iyukari/

参考文献

『完全版 日本占星天文暦 1900年―2010年』魔女の家BOOKS
『増補版 21世紀占星天文暦』魔女の家BOOKS　ニール・F・マイケルセン
『Solar Fire・gold Ver.9』（ソフトウエア）Esoteric Technologies Pty Ltd.

[本書で使った紙]

本文	アルトクリームマックス
表紙	ブンペル ソイル
カバー・帯	ヴァンヌーボV ホワイト
別丁扉	タント N-61
折込図表	タント R-11

すみれ書房
石井ゆかりの本

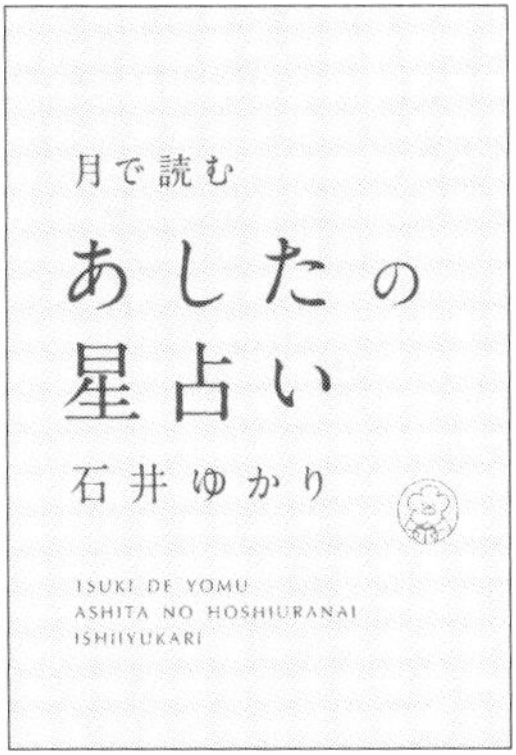

月で読む　あしたの星占い

定価 本体1400円＋税
ISBN978-4-909957-02-3

簡単ではない日々を、
なんとか受け止めて、乗り越えていくために、
「自分ですこし、占ってみる」。

石井ゆかりが教える、いちばん易しい星占いのやり方。
「スタートの日」「お金の日」「達成の日」ほか12種類の毎日が、2、3日に一度切り替わる。膨大でひたすら続くと思える「時間」が、区切られていく。あくまで星占いの「時間の区切り」だが、そうやって時間を区切っていくことが、生活の実際的な「助け」になることに驚く。新月・満月についても言及した充実の1冊。　イラスト：カシワイ　ブックデザイン：しまりすデザインセンター

3年の星占い　双子座
2021年－2023年

2020年12月10日第1版第1刷発行
2021年 2月 5日　　第3刷発行

著者
石井ゆかり

発行者
樋口裕二

発行所
すみれ書房株式会社
〒151-0071　東京都渋谷区本町6-9-15
https://sumire-shobo.com/
info@sumire-shobo.com〔お問い合わせ〕

印刷・製本
中央精版印刷株式会社

ISBN978-4-909957-09-2　Printed in Japan
NDC590　159p　15㎝